AF289131

Rainer Maria Rilke

Aufsätze und Rezensionen

Rainer Maria Rilke: Aufsätze und Rezensionen

Entstanden zwischen 1897 und 1922.

Neuausgabe mit einer Biographie des Autors
Herausgegeben von Karl-Maria Guth
Berlin 2016

Der Text dieser Ausgabe folgt:
Rainer Maria Rilke: Sämtliche Werke. Herausgegeben vom Rilke-Archiv
in Verbindung mit Ruth Sieber-Rilke, besorgt von Ernst Zinn, Band
1–6, Wiesbaden und Frankfurt a.M.: Insel, 1955–1966.

Die Paginierung obiger Ausgabe wird hier als Marginalie zeilengenau
mitgeführt.

Umschlaggestaltung von Thomas Schultz-Overhage unter Verwendung
des Bildes: Rainer Maria Rilke (Fotografie, 18. September 1900)

Gesetzt aus der Minion Pro, 11 pt

Verlag: Henricus - Edition Deutsche Klassik GmbH
Mörchinger Str. 33, 14169 Berlin, info@henricus-verlag.de
Druck: Libri Plureos GmbH, Friedensallee 273, 22763 Hamburg

Die Ausgaben der Sammlung Hofenberg basieren auf zuverlässigen
Textgrundlagen. Die Seitenkonkordanz zu anerkannten Studienausgaben
machen Hofenbergtexte auch in wissenschaftlichem Zusammenhang
zitierfähig.

ISBN 978-3-8430-8294-5

Bibliografische Information der Deutschen Nationalbibliothek

Die Deutsche Nationalbibliothek verzeichnet diese Publikation in der
Deutschen Nationalbibliografie; detaillierte bibliografische Daten sind
im Internet über www.dnb.de abrufbar.

Inhalt

Detlev von Liliencron, Poggfred

Das ist ein Wunderbuch. Wenn Du's Abend vor dem Schlafengehen müd und mürrisch für einen Augenblick in die Hand nimmst, gar nicht um seiner selbst willen, sondern nur um jenen Übergang vom Tag zum Traum leichter zu finden, so umkrallt es Dich in süßer Rache, und Du schließest es gewiß ungern mit glühender Wange und wachem, klarem Auge, wenn das fröstelnde Zimmer und die niedergebrannte Kerze und der nahe Morgen zu rascher Ruhe mahnen. – Ja, es ist kein Buch zum Einschlafen. Alles wird wach in Dir. Die große Hünenkraft, die in diese Zeilen gepreßt ist, ringt sich daraus empor und beseelt die tausend Gestalten der Erinnerung und des Traumes, die den holsteinischen Dichterbaron in seinem Schlößchen »Poggfred« (Froschfriede zu deutsch) aufsuchen. Keine schemenblassen, wesenlosen Bilder ziehen an Dir vorüber; Du machst eine Seelenwanderung durch; denn Dein Geist folgt dem gebietenden Dichter durch alle Erlebnisse miterlebend, mitbangend, mitjubelnd. Du wanderst mit ihm durch Holsteins heimatliche Heiden, durch das kommerzfrohe Hamburg, das wimmelnde, flimmernde Paris – durch tausend selige, klingende Wunderwelten. – 242 Kichernd und scherzend flattern kleine Liebesgötter aus dem Stanzenfüllhorn, und dort schmettert wieder eine eherne Ottave Kriegsfanfarenton. Und ein Schlachtbild entrollt sich in blutroter Pracht. Er hats ja erlebt anno 1870; und Lieutenant Detlev Freiherr von Liliencron steht ruhmvoll in der Regimentsgeschichte. Und ebenso ruhmvoll wie in dem kleinen Gedenkhefte des Posen'schen Regiments steht der Name Liliencron in einer anderen großen Geschichte, wo weder der Freiherr gilt, noch der Hauptmann, sondern der große Mensch und der große Dichter. Und für diese beiden Eigenschaften enthält gerade »Poggfred« glänzende Beweise. Alle Saiten des Liliencron'schen Herzens klingen, und das giebt Akkorde: so rein, so voll, so versöhnend. Auf das wirre Kunterbunt der 12 Cantusse folgt der Schlußgesang, einfach und groß, wie ein weißer, sonniger, glockenstimmiger Weltenfeiertag:

> Und meine Seele wird so klar und gut,
> Unschuldig wie das Gras, worauf ich stehe;
> Ruhig bewegt sich meine Herzensflut,
> Versunken sind die vielen Ach und Wehe.

Mir wird so froh, so seltsam wohlgemut,
Als ob mir Überirdisches geschehe …

und dann:

Neid, Rache, Bosheit läutern sich in Reinheit.
Den Menschen, wie sie schütteln Gift und Speer,
Vergebe ich, vergesse die Gemeinheit.

Ist das nicht groß? An ihn aber, den großen Aristokraten der Seele, ist jetzt das nüchterne Leben mit all seinen kleinlichen Sorgen und Qualen herangeschlichen, und wahrend Tausende in ganz Deutschland an dem berauschenden Gefühl sich erheben, daß sie wieder einen Dichter haben, und jubelnden Herzens die flammenden Verse trinken, nimmt die Not den Griffel aus der immer noch jugendstarken Hand des Fünfzigjährigen. Da darf kein Deutscher zusehen. In dieser Überzeugung habe ich mich an den deutschen Dilettantenverein gewandt, durch dessen liebenswürdiges Entgegenkommen es mir ermöglicht ist, Mittwoch, den 13. d.M. um 1/28 Uhr abends einen Liliencron-Vortragsabend zu veranstalten. Möge der gute Zweck für sich selber reden.

Demnächst und Gestern

So ist es immer der gleiche Weg. Von dem geheimnisvollen, großsprecherischen »Demnächst« zu dem zaghaften Heute, vor welchem sich der Vorhang enthüllend hebt. Fast wie bei einer Gerichtsverhandlung geht es da zu bei den Premièren. Und fast immer führt sich der Autor nach jedem Akt als mildernden Umstand vor, indem er sich devot verneigt, lächelt und sein Lächeln reden läßt: »Bitte, seien Sie nur gerecht; richten Sie relativ; wenn ich Ihnen auch nicht viel gebe, seh ich aus, als ob ich mehr geben könnte! Urteilen Sie selbst!« Pause.

Ecce homo.

Und das Publikum denkt: Ja, in Anbetracht … und es klatscht seinen Freispruch. Es will ihn nicht ans Kreuz. Es ist manierlicher und auch vorsichtiger als seine Ahnen aus des Pilatus Tagen.

Und am anderen Morgen beginnt der Theaterbericht: »Gestern war …« Und wenn er hier aufhörte, ist das nicht auch ein Urteil?

*

Es liegt nahe, von den verschiedenen kleinen Demnächst abzusehen und zu fragen, ob hinter dem ernsten Demnächst des Dramas als solchem auch ein trauriges »Gestern war« wartet.

Unsere Zeit hat uns eine Fülle neuer Aufschlüsse über die Kunst vermittelt, und wenn das große Geheimnis, dem wir entgegenlauschen, auch nicht redselig wurde, vielleicht sind wir schweigsamer geworden, da wir beginnen, es zu verstehen, da wir nicht mehr nach großen Stoffen suchen, überhaupt nicht mehr »suchen« und unsere Freude haben, wenn wir dennoch finden. Und gerade die unscheinbarsten Funde sind uns die allerliebsten. Das ist eines der mächtigsten Erkenntnisse: Alles ist Inhalt und kann etwas bedeuten. Seine Bedeutung gewinnt es durch die Form, das heißt durch die Art, wie es sich abgrenzt gegen das Viele und Fremde. Und dem geringsten Stoff seine Seele zu 346 geben, zu erraten, in welchen Grenzen das Unbedeutende ein Ganzes und somit ein Ereignis wird, dem tiefsten, niemals geoffenbarten Willen des Stoffes Erfüllung zu schenken, das scheint mir im Augenblicke die erlösende Aufgabe des Künstlers zu sein. Ist dem so, dann gewinnt aber auch die Form eine seltsame Wichtigkeit. Sie ist dann das eigentlich Intime, das Aufrichtige an dem Kunstwerke. Und ein Werk muß bedeutend an Wert einbüßen, welches dem Zufall und der Willkür irgendwann Anteil an der Bestimmung seiner äußeren Gestalt gewährt, jenem Werke gegenüber, bei dem jede Biegung und jede Bucht der Grenzlinie eine Offenbarung der Liebe und der Sehnsucht des Künstlers ist. Das Drama gehört nicht zu dieser letzten Art. Noch unerstarrt, wie ein weiches Tonbild, gleitet es dem Dichter aus den Händen und wird von der nachratenden Willkür und dem willkürlichen Verständnis der Vielen zu Ende geknetet. Unter besonders günstigen Umständen ist es ja möglich, daß der Dichter die Gruppe von Menschen und die Menge der Geräte, welche der Materialisation seines Spieles dienstbar sind, so souverän beherrscht, daß seine Absicht endlich ziemlich klar zum Ausdruck kommt; aber dazu gehört eine andere Begabung als die des Poeten; diesem fehlt meistens das Überschauen der Dinge, das zum Werkzeug Herabzwingen der Menschen, das rücksichtslose Knechten fremder Willen, welches großen Feldherren siegen hilft. Und wenn einer alles das besäße und seiner Persönlichkeit Ausdruck gäbe in Menschen wie in großen Lettern, die individuelle Form des Werkes 347 wäre doch nur für einen Abend bestimmt; und die Nachbarbühne könnte vierundzwanzig Stunden später, selbst unter der Leitung guter Regisseure, kaum eine leise Familienähnlichkeit in die Züge desselben Dramas legen. Dieses Flüchtige, Vorübergehende giebt dem Werke das Aussehen einer Improvisation und den Rang einer solchen.

Was dann als dauernd aufbewahrt wird, ist meistens – ein Buch zu viel, welches ganz hilflos bleibt, so lange nicht einmal wieder Menschen und Farben und Lichter sich seiner annehmen. Und wenn man zwei solche Bücher vergleicht, eines von vor fünfzig Jahren und eines von heute, da fällt zunächst auf: die Bemerkungen im Texte sind ganz bedeutend angewachsen und stellen tausend oft kaum vom Mimen erfüllbare Anforderungen; dagegen ist der Text selbst klein und kurz geworden, die Dialoge sind von der Lebendigkeit der Stichomythie, die Monologe fehlen und die Ensembleszenen haben nicht mehr die monotone Geschwätzigkeit des Operettenchors. Das Erstere begründet sich in dem oft unbewußten Streben des Dichters, dem unvollendeten Werke recht viel eigenes Zeug mit auf den Weg zu geben, damit die fremden Hände es verständig anfügen könnten. Die Kürze des Textes aber rührt daher: die modernen Dichter haben den Glauben an das Wort verloren. Das Publikum hat noch immer die Überzeugung, daß im Wort die Steigerung, der Fortschritt, die Katastrophe läge, oder doch, daß dieses das äußere Zeichen dafür wäre. Der Dichter erkannte längst so: das Schweigen ist das Geschehen, das Wort die Verzögerung. Und er denkt dabei an das Wort, wie es als gebräuchliche Währung gilt im Tauschverkehr des Lebens. Sein Wort zum Beispiel in der Lyrik, welches sich selbst Hintergrund und Glanz und Tiefe geben muß, hat ja nichts mit dieser Scheidemünze gemein, aber sein Wort im Drama, welchem die vielen dienstbereiten Dinge alle Pflichten abnehmen, ist schließlich ganz dasselbe Tauschmittel des Alltags. Und an *dieses** Wort glaubt er ja nicht mehr. Er weiß, es kann keine Katastrophen bedeuten, es kann zwischen zwei Menschen weder Glück, noch Feindschaft stiften, weil es sich zwischen ihnen aufbaut wie eine Wand. Es ist die Holzklapper des Aussätzigen, welche warnt: Platz! ich nahe! Platz! ich nahe! Und jeder flieht tief in sich selbst und klappert auch.

Und so sind wir Ganzeinsame. Jeder für sich. Und sobald wir dieses einsehen, erkennen wir, wie undramatisch wir sind. Wie es nur vor dem großen und leichtgläubigen Publikum möglich ist, zu behaupten, zwischen den Menschen auf der Bühne bestände ein Zusammenhang, ähnlich dem im Leben.

Wir leben ja so leise, und unsere größten Katastrophen sind in uns so tief, daß nur ihre letzten Wellen an unsere Oberfläche rühren. Und wollte einer dennoch ein Drama schreiben aus unserem echten Erleben heraus, die Schauspieler würden gerade seine erschütterndsten Enthüllungen offenbaren, wenn das Publikum glaubt; aber sie rühren sich ja gar nicht.

Schon jetzt beginnen die Dichter, sich zu verraten. Es giebt Schweigsamkeiten in ihren Stücken, welche das Publikum gerne durch sein Lachen belebt. Und da das den Autoren unbequem ist, begnügen sie sich mit alten Formen und schreiben wieder Marchen und realistische Stücke und beides durcheinander. Das Publikum glaubt daran. Es wird noch lange daran glauben, und so lange wird es Dramen geben.

Aber wenn es möglich ist, daß die leisen und heimlichen Erkenntnisse, welche in den Einsamen sich vorbereiten, einmal das unbewußte Wissen der Menge werden, wird auch in *ihr* kein Bedürfnis mehr wach sein nach einer Kunst, die ihre Vollendung nicht von den Händen des Schöpfers, sondern von hundert rohen Zufälligkeiten empfängt. Sie wird empfinden, daß ein Kunstwerk immer nur einem Einzelnen gehören kann, nicht zugleich einer bunten Menge, drin »jeder« andere Augen hat, andere Ohren und eine nach anderem hungernde Seele. Ist das bald?

Es werden noch viele Dramen geschrieben werden bis dahin. Auch viele gute; denn auch ein unreifes Bedürfnis kann schön befriedigt werden. Und wenn die Dichter aufrichtig sind, kann vielleicht gerade auf diesem leicht zugänglichen Wege die Lehre von dem leisen Leben unter die Menge kommen. Dann hat das Drama noch eine große und reiche Pflicht zu erfüllen, ehe hinter seinem letzten »Demnächst« das abschließende »Gestern war –« steht.

Moderne Lyrik

Vortrag, gehalten am 5. März 1898 in Prag

Zunächst bitte ich Sie um Güte und Geduld. Ich bin mir vollkommen bewußt, daß es nichts Geringes ist, einestundelang über Gedichte reden zu hören. Wenn die Sache nicht schon in den Zeitungen stünde und so unangenehm festgenagelt wäre, könnten wir uns ja eilig und heimlich einigen über was Lebendigeres zu reden, zum Beispiel über Zola oder über Professor Schenk oder dergleichen, und erst beim Herauskommen so lyrisch-erlöste Gesichter machen, daß es die draußen glauben. – Aber das geht doch nun nichtmehr an; es könnte uns jemand verraten. Darum, so leid es mir tut, muß ich bitten: Güte und Geduld. Zum Troste aber: Es wird Ihnen nichts geschehen und: was Sie eigentlich bis zum Augenblick für Lyrik halten, davon werde ich wenig sagen. Ich habe ganz besondere Absichten. Sollte ich im Aussprechen derselben manches zu heftig betonen – halten Sie es meiner Jugend zugute, sollte ich manchmal ungerecht scheinen gegen ein Gestern, vergeben Sie es mir deshalb, weil ich voll bin eines großen Neuen, von dem ich Hohes Herrliches zu verkünden habe.

Es bleibt also dabei: *modernste Lyrik:*

Sehen Sie: seit den ersten Versuchen des Einzelnen, unter der Flut flüchtiger Ereignisse *sich selbst zu finden,* seit dem ersten Bestreben, mitten im Gelärm des Tages hineinzuhorchen bis in die tiefsten Einsamkeiten des eigenen Wesens, – giebt es eine *Moderne Lyrik.*

Und das ist – bitte erschrecken Sie nicht – etwan seit dem Jahre 1292. Dieses ist das Jahr aus dem Advente der großen Renaissance, in welchem Dante die einfache Geschichte seiner ersten, jungen Liebe in der *Vita nuova* erzählt.

Wer durchaus Stammbäume liebt, der möge ruhig in dem Dichter der *Divina Comedia* den Ahnherrn unseres jungen Dichtergeschlechtes erkennen und eingestehen, daß es von altem Adel ist. Den anderen wieder kann ich die Versicherung geben, daß in dem Vorbilde des hohen Florentiners für jeden Schaffenden die Gewähr liegt, ein ahnenloser Erster zu sein, wenn er nur tief genug in sich hineinhorcht bis zu jenem Nochniegesagten und Neuen, welches mit ihm beginnt. Erst dann, wenn der Einzelne durch alle Schulgewohnheiten hindurch und über alles Anempfinden hinaus zu jenem tiefsten Grunde seines Tönens hinabreicht, tritt er in ein nahes und inniges Verhältnis zur Kunst: *wird Künstler*. Dieses ist der einzige Maßstab. Alles andere Beschäftigen mit Pinsel oder Feder oder Meißel ist nur eine persönliche Gewohnheit, welche dem Einzelnen und seiner Umgebung gleichgültig oder lästig sein kann, wie etwa das Tabakrauchen oder das Daumendrehen. Es giebt auch auf diesen Kunstgebieten Leute von großer Fertigkeit, die man gelten lassen muß. Aber ich glaube kaum, daß sie bei aller Virtuosität etwas beitragen werden zu dem großen fortschritt, nach welchem der dumpfe Drang der Massen sich ebenso sehnt, wie das lichte liebende Vertrauen der Einsamen. Denn vergessen Sie nicht, daß die Kunst nur ein Weg ist, nicht ein Ziel. Es müßte sonst die letzte Absicht des 361 Malers sein, Farben in die Welt zu setzen, und der Musiker müßte seine tiefste Erfüllung darin begrüßen, aus seinen Tönen Klangpaläste zu bauen, was doch schließlich nichts bedeutete, als die Harmonie des Alls, die *eine große* Ordnung durch diese unzulänglichen Miniaturen zu stören und nachzuäffen. Diese unglückselige Meinung, daß die Kunst sich erfülle in der Nachbildung (sei es nun der idealisierten oder möglichst getreuen Wiederholung) der Außenwelt, wird immer wieder wach. Die Zeit, welche diesen Aberglauben erweckt, schafft zugleich auch immer von neuem diese scheinbare Kluft zwischen der künstlerischen Betätigung und dem Leben. Und indem sie dies tut, zieht sie die einzig möglichen Konsequenzen ihres Irrtums. In der Tat: wenn dem so wäre, so würden die Künstler wie Kinder oder Kretins sein, welche, während Männer in Waffen gehn, Kartenhäuser bauen oder ihr blödes Lächeln in dem Glanze bunter Glaskugeln bespiegeln. Wäre aber einer unter diesen, mit reifem und vollem Verstande, ich glaube, den müßte man ja aus seinem feigen Hinterhalt mit tiefster Verachtung herauspeitschen.

Diese Modemeinung, welche die Künstler als die Ausgeschalteten der großen Lebensleitung zu betrachten liebt, müßte, da sie die Kunst mit dem Dilettantentum im verächtlichsten Sinne verwechselt, eigentlich für sie selbst ganz ungefährlich sein. Allein es giebt doch Reflexwirkungen, welche von diesem Irrtum ausgehend bis in die wirkliche Kunst hineinreichen und dort, wenn auch nicht Schäden, so doch Verzögerungen verursachen. Ein Beispiel: nach solchen Perioden, in denen die 362 Kunst wiedermal als läppischer Luxus entlarvt scheint, bemüht sie sich unwillkürlich rasch ihren nahen und notwendigen Zusammenhang mit dem Leben zu zeigen; sie klammert sich ängstlich an die letzten auffälligsten Erscheinungen des Tages an, sie verherrlicht einen Krieg, einen König, ja sie tritt sogar in den Dienst kleiner politischer oder sozialer Parteiinteressen: sie wird tendenziös. Und so ist sie gerade dann am wenigsten – Kunst, wenn man beginnt, sie wieder berechtigt und – sagen wirs nur frei – nützlich zu finden. Denn eine Kunst, welche mit Gebärden des Zornes oder des Beifalls die flüchtigen unbedeutenden Ereignisse des Tages begleitet – und sei sie noch so patriotisch – ist gereimter oder gemalter Journalismus, dem der erziehliche und kulturelle Wert gewiß nicht geschmälert werden soll – aber nicht *Kunst*. Es gab eine Zeit in dem sangesfrohen Deutschland, in welcher gerade die Lyrik diese erziehliche und kulturelle Rolle spielte, und die Liederalmanache von damals sind dem Sozialpolitiker und dem Kulturhistoriker interessanter, als dem Manne der heute Literaturgeschichte machen will. Seither aber ist die Kluft zwischen dem Deutschen und der Lyrik seiner Dichter wieder gewachsen und endlich chronisch geblieben. Und wenn ab und zu jemand die besondere Liebenswürdigkeit hat, dem dramatischen Schriftsteller oder dem Romanschreiber eine bescheidene Existenzberechtigung nicht ganz abzusprechen, der Dichter gilt doch allgemein für eine zeitweise lächerliche, antiquierte, jedesfalls aber vollkommen überflüssige Person, der bestenfalls Gedichte schreibt, weil er »es*« nicht nötig hat. Man hat neulich eine Seite aus Richard Dehmels Buche *Weib und Welt,* auf die Anklage eines westfälischen Barons und Referendars hin, zu konfiszieren für gut befunden. Man tut dem deutschen Publikum bitter unrecht. Es hat längst vergessen, daß es eine Lyrik besitzt, kann also von dieser Seite her in keiner Weise bedroht oder demoralisiert werden.

Sie werden es nicht glauben. Unsere Lyrik hat die Jahre unfreiwilliger Einsamkeit, ohne Demütigung, ohne Annäherungsversuche an die Tagesmode, – ertragen, und ich bin hier, Ihnen zu sagen: sie lebt. Und ich kann Ihnen noch verraten: sie ist gesund, groß und stark.

Deshalb, scheint mir, muß ich zunächst Ihnen und in Ihnen dem deutschen Publikum für die anhaltende und langwierige Teilnahmslosigkeit – herzlich danken. Denn die Folgen davon sind: daß auf dem unbeobachteten Gebiet sich nicht nur das Wesen aller Kunst am reinsten erhalten hat, sondern daß in dieser Stille das Neue geboren wurde, das Ihnen heimlich und unerkannt, durch das Kunstgewerbe hindurch, näherkommt: die neue Form. Diesem gegenüber sind die Nachteile des Verhaltens der großen Menge gering: sie bestehen darin, daß ein paar junge Leute, denen ihr eigener Name zu leise war, statt guter Gedichte – von denen ja niemand erfahren hätte – schlechte Dramen und Novellen geschrieben haben …

Was ich aber oben sagte, so rein und ohne Falsch hat sich die Natur 364 künstlerischen Strebens innerhalb der Lyrik erhalten, daß ich nun von da geradezu die Definition der Kunst, der neuen Kunst überhaupt entlehnen kann, und ich bitte Sie sehr, diese, wenigstens für diese Stunde, gütigst anzunehmen, weil mit ihr alle meine folgenden Ausführungen stehen und fallen.

Kunst erscheint mir als das Bestreben eines Einzelnen, über das Enge und Dunkle hin, eine Verständigung zu finden mit allen Dingen, mit den kleinsten, wie mit den größten, und in solchen beständigen Zwiegesprächen näher zu kommen zu den letzten leisen Quellen alles Lebens. Die Geheimnisse der Dinge verschmelzen in seinem Innern mit seinen eigenen tiefsten Empfindungen und werden ihm, so als ob es eigene Sehnsüchte wären, laut. Die reiche Sprache dieser intimen Geständnisse ist die Schönheit.

So sehen Sie also, daß der Künstler nicht nur kein Ausgeschalteter des Lebens ist, sondern, daß vielmehr die Kunst sich darstellt als eine bewegtere – ich möchte sagen – unbescheidenere Lebensform, indem der Schaffende auch an die schweigsamsten Dinge mit seinen flehenden Fragen herantritt und, mit keiner Antwort zufrieden, immer weiter muß. – Wenn alle Künste Idiome der Schönheitssprache sind, so werden die feinsten Gefühlsoffenbarungen, um welche es sich handelt, am klarsten in derjenigen Kunst erkennbar sein, welche im Gefühle selbst ihren Stoff findet, in der Lyrik. Aber selbst dieser Gefühlsstoff, mag es eine Abendstimmung oder eine Frühlingslandschaft sein, erscheint mir nur der Vorwand für noch feinere, ganz persönliche Geständnisse, die 365 nichts mit dem Abend oder dem Blütentag zu tun haben, aber bei dieser Gelegenheit in der Seele sich lösen und ledig werden. Sie müssen mir also glauben, daß wir wenn irgendwo so in der Lyrik die tiefsten und heimlichsten Hoffnungen unserer Zeit belauschen können, weil gerade da, mehr als in anderen Künsten, die reine Kunst-Absicht hervortritt hinter dem Kunst-Vorwand. – Dies kann geschehen, weil der Vorwand, als welcher mir stets der Stoff erscheint, um so vieles durchscheinender, beweglicher und veränderlicher ist, als in jeder anderen Kunst. Wenn bei dem Maler zum Beispiel die Landschaft als

Bildmotiv, das heißt als Gelegenheit gewisse tiefinnerste Sensationen loszuwerden, auftritt, so hat der Lyriker es mit einem breiten, blassen Landschaftsgefühl zu tun, in welches die einzelnen Spezialempfindungen sich aus dem Dämmern seiner Seele projizieren. Während aber der Maler, der mit so bestimmten Mitteln schafft, nun an diese Landschaft gebunden ist, das heißt in dem durch diese Landschaft gegebenen und begrenzten eigenartigen Raum alle seine Geständnisse unterbringen muß, kann es bei dem Dichter geschehen, daß das ursprüngliche Gefühlsfeld durch die Fülle oder die Stärke der hinzukommenden Einzelgefühle überwuchert, verdeckt und verwandelt wird, daß zum Beispiel, unter dem Einfluß jener zartesten und innigsten Empfindungsmomente, das vorhandene Landschaftsgefühl in eine Abendstimmung oder in das Allgemeingefühl von einem Meer übergeht, was, grob erläutert, beim Maler sein Aequivalent fände, wenn er ein Bild als Stilleben be-

ginnen würde, im Laufe der Arbeit eine Landschaft herauspinselte und endlich dieselbe Leinwand als impressionistisches Porträt vollendete. Das nimmt sich ungeheuer lächerlich aus, und doch weiß ich, daß Maler diese Erfahrung gemacht haben, und ich leite aus diesem Umstande das immer stärker werdende Bedürfnis ab, in der Umrahmung des Bildes Ergänzungen zu geben, das heißt wenigstens in gewissen künstlerischen Abkürzungen und Siegeln die wahrend des Schaffens aufgetretenen Neigungen und Bedürfnisse nach einem anderen Motiv zu notieren. Denn da die tiefen Ursachen dieser Bedürfnisse, die persönlichen Spezialempfindungen, nicht aber der Stoff die Hauptsache sind, so muß man ihnen Recht und Möglichkeit gewähren, sich auch über die Grenze des Stoffes hinaus irgendwo auszuprägen. Es ist bezeichnend, daß Malerdichter wie Ludwig von Hofmann oder Fidus sich am stärksten von dieser Erkenntnis leiten lassen und wiederholt mit den voreiligen und eigensinnigen Mitteln ihrer Kunst in Zwiespalt geraten.

Nun müssen Sie aber auch die Vorzüge einer Kunst erkennen, in welcher diese Freizügigkeit vollkommen gestattet ist und innerhalb welcher der unbeschränkte Wechsel des Motivs sich leise immer und immer wieder vollzieht, und ermessen wie viel persönliche Geständnisse im Raume eines einzigen Kunstwerkes, des Gedichtes, sich austönen dürfen. Das breite, allgemeine Hintergrundsgefühl ist dann etwan vorbeiziehenden Laterna-magica-Bildern vergleichbar, während jene

inneren Empfindungsbeichten der begleitenden Musik entsprechen würden. Bei diesem Vergleich stimmt aber nur das Äußerlichste. Der heimliche, tiefe, kausale Zusammenhang von Bild und Klang, das gegenseitige sich Wecken und Beschenken der beiden läßt sich durch keine Analogie erklären oder beweisen.

Daß darin die große, vielleicht mächtigste Bedeutung der Lyrik besteht, daß sie dem Schaffenden ermöglicht, unbegrenzte Geständnisse über sich und sein Verhältnis zur Welt abzulegen, kann nur von einer Zeit erkannt werden, welche fühlt, daß sie etwas eingestehen will. Und das sind weder Mitten noch Enden von Perioden, sondern stets reiche Anfänge, welche ihr Herz auf der Zunge tragen. Denn Mittelperioden sind zu bequem einerseits und zu tätig nach der anderen Richtung hin, um viel zu erzählen, Enden sind zu greisenhaft und zu müde dazu – nur junges Beginnen hat etwas zu bekennen und nur der Anfang ist auch vertrauensvoll genug, um aufrichtig, ohne Falsch zu verraten, wie ihm zumute ist. Dante steht an der Schwelle der großen Renaissance, und ich möchte, daß Sie es Alle empfanden, wie dieses reiche junge Dichtergeschlecht, von welchem heute die Rede ist, schön und stark am Rande einer in hundert Sinnen neuen Zeit wartet und wie die Ahnungen künftiger Ziele in seinen Liedern ebenso mächtig anklingen wie die herrlichen Tage des Cinquecento vorausgefühlt sind in den Seherworten der *Divina Comedia*.

*

368

Ich weiß nicht zu sagen, wer von den Neuen zuerst diesen Sinn der Lyrik, mit Wissen oder unwillkürlich, bewiesen hat, aber ich weiß, daß Alle augenblicklich sich dieser Mission bewußt sind und sich als die ersten Stimmen einer neuen Epoche fühlen, nicht deshalb, weil sie optimistischer als die anderen sind, sondern weil sie, dank ihrer Kunst, leiser und lauschender im Leben stehen und durch seine Stürme hindurch früher als die Zeitgenossen das ferne Läuten der Feiertagsglocken vernehmen. Wie die kleinste Menge Elektrizität sich in den isolierten Blättchen des Gold-Elektroskops nachweisen läßt, ehe elektrische Wirkung sonst irgendwo bemerkbar wird, so rührt der Hauch der neuen Zeit auch erst an die Tiefen von einigen isolierten, einsamen Menschen, lange bevor die Menge die Strömung empfindet. Und während die Masse auch dann noch feindlich und ablehnend bleibt, sehnt sich der Einsame längst schon den frühesten Offenbarungen entgegen und kann, wenn er tönen darf, ihr treuer zuverlässiger Verkünder werden. Nicht der Künstler allein ist imstande diese ersten Vorboten zu erkennen, auch religiöse oder politische Naturen können sie erlauschen, aber diese werden ihren Ruf einmal leicht mißverstehen und dann auch nicht fähig sein, ihre leisen Absichten würdig auszusprechen. Der moderne Dichter aber ist historisch besonders gut geschult. Der objektive Realismus vergangener Jahrzehnte hat ihn mit der Natur und dem Leben in Verkehr gebracht und sein Auge geübt für die Dimensionen der Dinge. Der vorhergegangene Idealismus der Objektivität mit seiner Schönfärberei wirkte wie eine sentimentale Kindheitserinnerung gerade herein, als der Realismus im Naturalismus untergegangen war, und machte, daß man leise begann, statt *von den* Dingen, *mit den* Dingen zu sprechen, also: »subjektiv« zu werden. Und nun folgte im Subjektivismus eine Parallelentwickelung wie seinerzeit innerhalb der objektiven Welterkenntnis. Man lernte die eigene Seele betrachten, wie früher die äußere Umgebung, man wurde auch hier Realist und Naturalist den intimen, inneren Sensationen, wie vorher den *äußeren* Ereignissen gegenüber und lernte wie früher die Welt, nun ebenso genau die eigene Seele kennen, das heißt man fand in sich selbst Alles reicher und vielgestaltiger wieder, was man in der objektiven Schulzeit außerhalb der eigenen Persönlichkeit gesucht hatte. Man war ganz unerwartet zu einer Art von Pantheismus gelangt, mit dessen Gottesbegriff man sich immer mehr zu identifizieren geneigt war, und Sie werden begreifen, daß dieses Wachsen, dieses plötzliche Überallhinreichen, dieses Alleswerden und Allwerden eine herrliche Befreiung, einen hohen, stürmischen Sieg bedeutete und in einer großen, lauten Begeisterung seinen Ausdruck suchte. Es kamen Reaktionen hinterdrein, Enttäuschungen und Zweifel, wie hinter jedem unvorhergesehenen Erfolg, aber immerhin blieb diese *Empfindung der gefallenen Schranken* die Grundstimmung für alles Schaffen und sie ist es auch heute noch. Darin erreichte der Subjektivismus seine höchste Ausgestaltung, denn seit jeder sich Eines fühlte mit allen Erscheinungen der Welt, war er auch der einzig Seiende, der Einsame geworden, der keinen neben sich anerkennen durfte. Und weil die Einsamkeit leise und lauschend macht, vernahm dieser kosmische Eremit Vieles, was bislang niemand vernommen hatte.

So scheinen mir denn auch Lauschen und Einsamsein die Haupteigenschaften, welche den neuen Dichtern gemeinsam sind. Seitdem die ersten Verkünder neuen Heiles, an deren Spitze die Brüder Julius und Heinrich Hart gegangen sind, mit den Fanfaren des Sieges einen unbestimmten vielverheißenden Morgen begrüßten, sind immer mehr Stimmen wach geworden, die von dem Neuen immer deutlicher erzählen. Die Einen sind zu Verkündern der neuen Freude, der tieferen Seligkeit, die Andern zu den Aposteln eines neuen Leidens geworden, und zwischen diesen wandeln die Sänger einer neuen Sehnsucht mit ihren heiligen Harfen hin. Was ein einziger Jubelruf war bei jenen ersten Wegebahnern, ist in ihren Nachfolgern schon ein tausendstimmiger Chor geworden, in welchem alle Formen eines neuen Lebens anklingen. Die Harts sind die richtigen Herolde gewesen, voll von heller Zuversicht und von dem Glauben an ihre Kraft. Nicht Breschenbrecher wie der riesige Michael Georg Conrad, der breite Bajuvare, dem die Kunst lang zu eng wurde für seinen Mut und seine Ungeduld, so daß er mitten hineinsprang ins lauteste Leben, – sondern Männer, welche bekränzt und im Festgewande im Triumphzuge schreiten und mit ihrem aufrichtigen Pathos sich selbst begeistern und andere mitreißen. Die Bruno Wille und Wilhelm Bölsche und John Henry Mackay kamen neben ihnen zu Wort und jene ersten Jahrgänge der *Freien Bühne* 1890 – 93 371 u.f. sind ein schönes Denkmal ihres jungen Mutes und ihrer tiefen treuen Zuversicht. Der herrliche Liliencron steht da in den vordersten Reihen; was die Harts in unklarem Taumel prophezeien, das lebt er schon längst, ganz unbewußt. Ein Mann von Morgen in Hamburg, mitten unter den Allzuheutigen. Ein ganz Junger in einem ururalten holsteinischen Freiherrngeschlecht! Einer der so zuhause ist in dem Neuen, daß er es gar nicht mehr für nötig hält zu predigen, sondern einfach erzählt. Ein so Reifer, daß er die heiligen Wahrheiten nebenbei giebt im Gesellschafton der Kunst und ein Aufrichtiger und ein Fröhlicher und ein Übermütiger. Sie können sich denken, wie man ihn begrüßte, wie man ihn *liebte* über Nacht! Und wie drollig erstaunt er war, der kleine Freiherr, als man ihm sagte, daß er ein ganz Neuer sei. Er hat sicher geglaubt, seine holsteinischen Bauern und Fischer sind ganz wie er. Er war so stolz darauf. Nur mit den lieben kommerzfrohen Hamburgern vertrug er sich nicht gut, – aber sonst … Oh dieser treue, echte Dichter! – Mir geht schon wieder das Herz über, wenn ich von dem großen Detlev spreche; ich muß es sein lassen. Denn vor einem Jahr hab ich hier zwei Stunden lang von ihm erzählt, und da ich heimlich hoffe, daß Sie noch nicht Alles von damals vergessen haben, muß ich fürchten, Sie mit ausführlichen Wiederholungen zu langweilen. Als der Freiherr sich so mit einemmale verraten sah, tat er etwas Strenge in seine guten Augen (er mußte das ja von der Hauptmannszeit her treffen) und ging selbst entdecken. Und er hat einen köstlichen Fund getan, als er Gustav Falke heimbrachte, den feinen Hamburger Musiklehrer. Falke ist eine ähnliche Natur wie Liliencron. Er ist seine bürgerliche Nüance. Er ist auch reich, allein er ist etwas bang um seinen Reichtum und vergeudet nicht, wie Liliencron (ich meine natürlich nicht Geld, das haben sie beide nie), er ist auch froh, aber wenn er ganz lustig wird, kommt ihm das Weinen nahe. Er lacht wie der Baron über die Philister, aber er wird manchmal recht bitter gegen sie. Er ist auch für die schöne Ordnung, aber sie sieht manchmal der Pedanterie sehr ähnlich. Daher kann man ihm nie Kompositionslosigkeit vorwerfen, was dem Liliencron auch hier geschah, als ich vor Jahresraum seine *Poggfred*-Strophen las. Wenn Sie sich an das erinnern wollen, was ich über den Sinn der neuen Lyrik oben sagte, werden Sie erkennen, daß diese scheinbare Formlosigkeit nur ein zu starker innerer Reichtum ist. Er hat so viel zu gestehen, daß das Gefühlsfeld immer ganz überwuchert wird von den goldenen Ernten. Falke ist vorsichtiger und er schafft bis zu einem gewissen Grade bewußter. Durch seine novellistische Begabung findet er immer einen schönen klaren Stoff, bei welchem er allerhand los wird, aber immer nur das, was wirklich in den Rahmen paßt. Seine schmeichelnden Verse wollen oft auch noch ein Glanzlicht, eine Pointe haben, ein novellistisches Element, welches auch den schönen Gedichten unseres Landsmannes, Dr. Salus, eignet und diesen trefflichen Versbildern einen großen Reiz verleiht. Bei ihm, bei Falke und bei dem jungen Schweizer Emanuel Freiherrn von Bodman kommt, ich weiß nicht zu sagen woher, oft mitten in eine moderne Stimmung ein seltsamer, zarter Duft – wie Lavendel aus Großmutters Wäscheschränken – , der wie ein wehmütiges Lächeln über die Worte weht und, zumal bei den nüchtern scheinenden Strophen des Doktor Salus, eine liebliche Überraschung bietet. An diesem uns nahestehenden Dichter wird auch in besonders anziehender Weise offenbar wie die bedachtsameren unter den Jungen, einerseits aus eigener Scheu vor der Enttäuschung, andererseits um die Lauscher nicht zu entfremden, das Neue, das sie in sich spüren, nicht ganz rückhaltlos verkünden. Sie suchen, wie Salus, einen Hintergrund, ein Gewand dafür, und es ist gewiß ein Beweis für unsere Zeit, daß die große Renaissance ihren Gestalten Kleid und Geste giebt, und unsere modernsten Gefühle sich so wunderbar vereinen mit der heiteren Tracht des Cinquecento. – Auch mit einem anderen Schweizer, dem jungen Doktor Wilhelm von Scholz, ist Liliencron durch innere Sympathie verbunden, und ein neuer Cyclus von balladenartigen Gedichten, welchen Scholz vorbereitet, reicht stellenweise an den Meister heran. Alle Jungen fühlen sich ja dem großen Detlev von Liliencron nah und dankbar. Und die Schule, die er macht, ist eine sehr lose Vereinigung von ganz heterogenen Geistern; denn man kann ihm nichts nachmachen. Er hat keine Manier, und es kann sich auch keine entwickeln aus den Elementen seines Schaffens. Von ihm kann jeder nur Eines lernen: Aufrichtig sein!

Eine Gefahr hingegen liegt in dem glühenden Glanze Richard Dehmels, dessen berauschende Formensprache manchen seiner lauschenden Verehrer zum Nachahmer, manchen Versteher zum blinden Gläubigen erniedrigt. Ich zweifle nicht an Richard Dehmels Aufrichtigkeit, – aber ich glaube, daß er sich selbst noch lange nicht klar ist über das, was er will, und wenn das auch nicht mehr sein sollte, als er kann. Die tiefe, innige Schlichtheit ist bei ihm dem unsympathischesten Pathos benachbart, und nach seinen früheren Büchern würden viele in ihm nicht seine einfache Persönlichkeit, sondern einen sehr bewußten Poseur erwarten. Sein jüngstes Buch »Weib und Welt« indessen ist ihm viel ähnlicher. Er stellt sich als der unermüdliche Kämpfer dar, der im Handgemenge auch dann und wann eine häßliche harte Bewegung macht, und der doch so voll Sehnsucht nach Schönheit ist, daß er darüber weinen würde, wenn er es wüßte. Aber er ist ein rastloser Ringer und hat so viele Verheißungen des Neuen gegeben, daß man an ihn glauben darf. Mit einem heißen Temperament hat er – zum ersten Mal in der deutschen Lyrik – die Poesie des Sommers erkannt und dieser Stimmung mit einem Schlag jene Bedeutung gegeben, welche das deutsche, alte Frühlingsgefühl in Jahrhunderten langsam erlangt hat. Und dieses steht im Mittelpunkte seiner Tage und leuchtet wie eine rote Sonne über Wesen und Wirken Dehmels: die Sehnsucht nach der Frucht. Die Ernte ist ihm die Ewigkeit, und in dem lächelnd-leidenden Glück der Mutterschaft erkennt er die tiefste Erlösung alles Lebens.

Ohne das sinnliche Ringen, blasser, träumerischer ist dieses der Grundzug der kosmischen Poesie des Franz Evers, der durch seine theosophische Welterkenntnis verleitet wird, den Ewigkeitsbegriff über den sinnlichen Kreislauf hinauszuverlegen und dadurch oft den zerflie-ßenden Eindruck seiner pathetischen Lieder verschuldet. –

Ein Kämpfer unter der Fahne der Schönheit ist auch Otto Julius Bierbaum. Aber er ist etwas empfindlich, drängt sich nicht ins dichteste Getümmel wie Richard Dehmel, denn es wäre ihm unglaublich fatal, mit zerdrücktem oder beflecktem Rocke zurückzukommen; er zieht es vor, die Kämpfe und mehr noch die Siege zu schmücken, gleichsam goldene Gedenkmünzen zu prägen, für jeden Tag, an dem das Neue einen Fußbreit Landes gewonnen hat. Und das trifft er, wie es keiner je getroffen hat. – Er besitzt ein kostbares Ding: den Geschmack von Morgen, vielleicht von Übermorgen. Er hat fast den Geschmack eines Franzosen, und das vermischt sich ganz eigentümlich mit seinem ur-deutschen Gemüt. Was daraus wird, scheint manchmal fast etwas ar-chaistisch vor behäbiger Vornehmheit, aber es ist doch durch und durch frisch und wird oft sogar lebendige Erfüllung. So hat Bierbaum es verstanden, ein entzückendes altes Schlößchen in Südtirol zu mythen (so muß man wohl statt mieten in diesem Falle sagen!), ein Märchen von einem Schloß, wo Frau Gusti mit breiten Botticelli-Scheiteln, zart und zierlich waltet, während Otto Julius in seinem dunkel-kühlen Turmgemach – ein Tal voll ewigen Frühlings füllt ihm die Fenster – seine lieblichen Lieder mit goldenen Federn auf seltsam verschnörkeltes Pergament zeichnet. In Sachen des Geschmackes möchte ich ihn stets ex cathedra verkünden hören, er ist unfehlbar darin. Und wenn in ei-nem einstigen Zukunftsstaat ein Minister für Schönheit und Sitte nottut, wird ein echter Sprosse des Schloßherrn von San Michele der einzig würdige Bewerber sein dürfen.

Für alle diese, die ich bisher genannt habe, ist die Form etwas Un-willkürliches, darum brechen sie manchmal drüber hinaus wie Dehmel, darum fühlen sie sich in ihr so zuhause wie der leisere Otto Julius Bierbaum. Aber über diese scheinbaren Enden hin giebt es noch Möglichkeiten: über Dehmel hinaus, das zügellose wilde Um-sich-Schlagen im Dienste der Schönheit, – jenseits von Bierbaum das Ver-blassen und Erstarren im Aesthetizismus, das reglose Knieen vor dem unerbittlichen Gnadenbild. Auf der einen Seite der Verzweiflungskampf des verblutenden Kriegers, – und drüben das ewige bleiche Büßen des Schönheitsasketen. Alfred Mombert vertritt das eine, der Rheinländer Stephan George das andere Extrem. Daß Dehmel in Mombert dieses

Wildwerden seines eigenen Ichs liebt, ist begreiflich; denn er sieht nur seine mächtigere Energie, ohne seine wütende Blindheit zu bemerken, die Freund und Feind nichtmehr zu trennen weiß. Ein ganzes Chaos von Gefühlen, Sehnsüchten und Erzürnungen strömt ungedämmt aus in Momberts Gesängen, der dem Übermaß seines Empfindungsinhaltes zuviel zutraut, wenn er wähnt, daß das bloße Erstarren seiner Eruptionen schon »Form« sei, während bei George jene tiefsten und letzten Geständnisse, die das Wesen aller Lyrik bedeuten, rein formelle Glaubensmeinungen sind, welche die Verse mit kalter und fast armer Klarheit erfüllen. Notwendig muß dem Ungestümen die Bewegung, seinem Antipoden die Gemessenheit und Ruhe als Symbol der letzten Schönheit erscheinen, und wenn der erstere seine unseligen atemlosen Worte durch das ganze All von Stern zu Stern jagt, wagt der andere nichtmehr über die Randsäulen seines engen weißen Marmortempelchens in die Landschaft zu sehen. Ich halte auch diese beiden Menschen noch für aufrichtig; aber ihre Nachahmer – und sie besitzen solche in Menge – sind ganz erbärmliche Narren, welche das Publikum irreführen, indem sie mit schlauem Augurenlächeln dem staunenden Laien einen schönen, von ihnen gar nicht begriffenen Wahnsinn als *die* neue Kunst auftischen und viele nüchterne, vernünftige Köpfe abschrecken, die sich dann ihr lebelang als exakteste Feinde jenes Tohuwabohu, das sie für die neue Offenbarung halten müssen, erklären und lieber an Julius Wolff und Felix Dahn mühsam selig werden. Abschreckend für die Menge wirken aber neben diesen prahlerischen Nachbetern auch ein paar Ehrliche. Die Formsucher. Das sind jene, welche aufrichtige Geständnisse im Herzen tragen, aber ängstlich sind um den Kunstvorwand; sie können sich schwer entschließen den Rahmen für ihr Intimes, die Gelegenheit zum Tönen wahrzunehmen, und weil sie gebildete intellektuelle Köpfe sind, *suchen* sie dieselbe, statt sich auf ein *halb unbewußtes Finden* zu verlassen. Daß dieses Formgrübeln seltsame und fremd anmutende Gebilde zeitigt, läßt sich an Max Dauthendey, dem Farbensymbolisten, dem Telegrammlyriker Arno Holz, dem Träumer Johannes Schlaf, dem Lebensaestheten Loris, den Wienern überhaupt, und endlich an einer Gruppe von Pfadsuchern nachweisen, welche das Gedicht außerhalb von Reim und Rhythmus neuaufrichten wollen. Alle diese haben mit ihrer Methode einen Teil jener vertrauensseligen Naivität eingebüßt, welche den Künstler dem Kinde so selig anähnelt, sie sind bewußter und überlegter geworden, und man muß vielleicht gerade deshalb ihre Offenbarungen etwas vorsichtiger entgegennehmen. Ein äußerer Grund mag, neben anderen inneren persönlichen Bedürfnissen, diese Schaffensweise in ihnen großgezogen haben: nämlich die starke Abnützung, welche alles lyrische Material im Laufe einer langen Entwickelung von den Minnesingern her, insbesondere durch die großen herzlosen Formalisten, die Bodenstedt u.A., hat erdulden müssen, und die damit verbundene Furcht, das Neue, was man zu sagen hatte, durch das alte, abgetragene Kleid zu entweihen und zu erniedrigen. Sie sind eben zu intellektuell geworden, diese Dichter. Sie übersehen, daß die *neue* Form des *Neuen* direkt und ohneweiters bestimmt wird einmal von seiner Art und dann von der Persönlichkeit, welche es ausspricht, so daß, die Aufrichtigkeit beider Faktoren vorausgesetzt, das Produkt notwendig von anderer Beschaffenheit sein muß, als die Becher-Zecher-Reime aller seligen Mirza-Schaffy's. Es wird bei einem

379 solchen naiv-vertrauensvollen Schaffen dem modernen Deutschen auch nicht geschehen, Ghasele, Ritornelle oder Sonette zustande zu bringen: das immer klarere Sich-bekennen wird von selbst immer individuellere Gestalt annehmen, je mehr es unabsichtlich geschieht. Dem neuen Menschen – und der Künstler dürfte dieser Art am meisten entgegenwachsen – muß die Schönheit etwas Unwillkürliches geworden sein, etwas das er nicht einmal als Steigerung, sondern endlich als normale Bewegung und Äußerung seines Wesens empfindet. Aber es ist noch weit bis dahin, und die Angst des Übergangsmenschen, zügellos zu werden, wenn er frei ist, auf der einen Seite, seine Abneigung, das wachsende Starke in sich durch alte Fesseln zu verderben, auf der anderen, erzeugt dieses Grübeln nach der Form. Alle vergessen sie dabei, daß die neue Form nur gefunden, nie aber gesucht werden kann, und daß das neue Gesetz zum neuen Organismus sich verhält, wie der Kohlenstoff zum Diamant; man kann aus diesem wohl das Element heraussondern, aber niemals wieder das arme Gas zu dem hellen Edelstein verdichten.

In dieser großen Gruppe von Suchern giebt es wieder Aufrichtige und Poseure, solche, welche ihre Funde still und bescheiden in der Praxis anwenden, und solche, welche bei jeder neuen Entdeckung überzeugt sind, nun – nicht etwa die ihrem eigenen Wesen adäquateste Art des Tönens, – sondern *die Kunst* überhaupt entdeckt zu haben. Sie entwickeln lange Theorieen, welche den herrischen Ton des Eroberers tragen und für alle andersklingenden Weisen höchstens ein höhnisches Mitleiden übrig haben. Diese Thronprätendenten schaden sich 380 indessen selbst am meisten; denn indem sie immerfort die Kunst entdecken, haben sie noch niemals Zeit gehabt, *ihre* Kunst zu erkennen, und gehen als ungewollte verbitterte Martyrer in ihrer eigenen Manier unter. Die besten Belege dafür sind Holz und Schlaf. Sie entdecken alle 5 Jahre einmal *die* Kunst; daß diese eine Kunst jedesmal anders aussieht, haben sie im Eifer noch gar nicht bemerkt. Ihr erster großer Waffengang unter der Fahne des Realismus, dem sich Adler, Arent, Karl Henckell, R.M. von Stern u.a. angeschlossen haben, besaß noch eine Notwendigkeit, und das mutige Freicorps der »Modernen Dichtercharactere« von 1885 hat gewiß dazu beigetragen, die neue Zeit heraufzuführen. Die Veteranen von damals sind auch heute meistens so klug, nicht immer wieder ihre Verdienste dadurch zu verkleinern, daß sie sie stets aufs neue betonen. Es ist sogar bezeichnend, daß mehrere von ihnen, wie Henckell und Stern, zu der sehr schätzenswerten und nicht gerade brotlosen Gilde der Verleger übergegangen sind, die sie früher so arg verachteten – und sich nunmehr nur noch aus Konkurrenzneid die Augen auskratzen. Arent aber, Holz und Schlaf können den alten Ruhm nicht vergessen. In 42 Gedichtbüchern und einigen kurzatmigen Zeitschriften und Anthologieen war Herr Arent seither unablässig bemüht, seine eigene Bedeutung zu beweisen, er sah jedes Jahr einigemal den *großen Morgen* anbrechen und fühlte sich als Prediger in der Wüste und warf seitenlange Fehdehandschuhe bald dem bald jenem hin, so zahlreich, daß sich endlich keiner mehr bemühte, sie aufzuhe- 381 ben. Er hat sich selbst dabei verloren. Das ist schade; denn wer Geduld hat, könnte aus Arents 42 Büchern vielleicht ein kleines Bändchen Kunst zusammenstreichen, das für ihn Zeugnis gäbe. Anders Holz. Er besitzt viel weniger Talent, steht nur formal höher. Vieles, was wir zu seinem Besten zählen müssen, hat ihm Gott im Schlaf (ich meine im Johannes Schlaf) gegeben, der sich als die bei weitem tiefere und künstlerischere Natur darstellt. Mir ist, als wäre das Verhältnis der beiden ähnlich jenem zwischen dem Schwan von der Bober, Martin Opitz, und seinem bei weitem größeren Zeitgenossen Paul Fleming, nur, daß Schlaf sich früher als jener von dem Druck der fremden Obmacht befreite, und nun, spät genug, Eigenes zu sagen beginnt. Holz hatte durchaus einen Genossen notwendig, einen feintönenden Apparat, an welchem er die zartesten Schwingungen ablesen konnte, welche er im Orchester des Lebens niemals gefunden hätte, und wenn das nicht der arme Johannes Schlaf geworden wäre, hätte, um ein Haar, ein noch weicherer Mensch – Gerhart Hauptmann diese Rolle übernehmen müssen. Es war nahe daran. Denn der junge Hauptmann, der in völliger Unklarheit über seinen eigenen Weg und Willen bald bildhauerte, bald lange pathetische Gedichte schrieb, muß in diesem scharfen und raffinierten Theoretiker einen Augenblick lang den Heiland gesehen haben. Er ging darauf ein, mit Holz gemeinsam ein Stück zu verfassen, und in den Hauptzügen ist der Plan von »Vor Sonnenaufgang« wohl in

382 gemeinsamen Gesprächen erörtert worden, bis der empfindliche Hauptmann das Drama allein schrieb und seine Dankesschuld an Holz abzahlte, indem er ihm sein Werk zu eigen gab. Und vielleicht ist nun auch der größere Ruhm des einstigen Jüngers einer der Gründe, weshalb Holz in einem Drama »Die Sozialaristokraten« (der Realismus von Vorvorgestern feiert drinnen seine Triumphe) und mit neuen Lyrik-Versuchen, »Phantasus« betitelt, zu beweisen bemüht ist, daß er in der allerersten Reihe steht, womöglich auch noch *vor* ihr. Seine Gedichte muten an, wie eine phantastische sinnliche Prosa, deren Worte bald 20 mannhoch in einer Zeile stehen, dann wieder allein oder zu zweit, abseits bleiben, ohne, daß man einen genügenden Grund dieser Isolierung zu erkennen vermag. Hört man die Verse lesen, so kommt man gar nicht dazu, dies zu vermuten; was man dann vernimmt, ist eine bunte, teilweise unklare Prosa, in welcher dann und wann eine Allitteration oder eine onomatopoetische Verbindung auffällt, oder durch Wiederholungen eine Störung bewirkt wird. Von dem neuen Rhythmus, der bei Mombert oft anklingt, dem breiten diphthongischen Wechselklang, der sich unterscheidet von dem engen Hebung-Senkung-Maß und mit diesem zu einer reizvollen Sensation aufwächst, kann ich in diesen Proben nichts finden. Der Realismus ältesten Stiles aber, den Holz nicht vergessen kann, giebt diesen Wortbildern eine überraschende Plastik und macht sie zu ganz interessanten knappen Prosaskizzchen, die in vernünftigen zahmen Zeilen und ohne die Prätension Neuschöp-

383 fungen zu sein, sich ganz wohl befinden würden. Maximilian Dauthendey hat durch seine kühne Farbensymbolik ein neues Element in die Lyrik gebracht, welches auch Holz hier mehrmals technisch verwertet. Aber, wenn man näher zusieht, war die Farbe, als Mittel, gewisse von ihrer sinnlichen Absicht verschiedene, meist dunkle Gefühlswirkungen hervorzubringen, schon vor Dauthendey dem E.T.A. Hoffmann zum Beispiel bekannt, und auch das musikalische Pendant, Tönen unwill-

kürlich gewisse Farbennüancen zu unterlegen, ist allen aufrichtigen Gebildeten eine alte Erfahrung. Die Wissenschaft ist ganz gewiß unterwegs, festzustellen, daß alle diese Erscheinungen peripherische Schwingungen darstellen, welche, von einem gemeinsamen Zentrum ausgehend, uns nur deshalb andersartig zum Bewußtsein kommen, weil unsere beschränkten Organe immer nur Stücke dieses weiten Kreises wahrzunehmen vermögen. Warum sollte also nicht auch hier die Kunst vorausgehen und mit diesen Mitteln neue Pfade finden in die Teilnahme des Einzelnen? Daß gerade diese feinsten Mittel, die nur dort, wo sie nicht auffallen und solange sie nicht auffallen, einen Zweck erfüllen können, zum Kunstprinzip einer schwächlichen, einseitigen Poesie gemacht werden, ist mit ein Grund, daß man die neuen Kunstbestrebungen im Publikum so fremd und mißtrauisch betrachtet, wenn man ihnen nicht überhaupt den Rücken kehrt. – Es ist eine Art berechtigtes Gekränktsein in diesem Abwenden, denn es ist in der Tat brutal von dem Künstler, eine so feine Erkenntnis vergröbert zu verwenden. Der Laie findet mit Schrecken, wie die Dichtung eine seiner kaumbewußten, ganzintimen Empfindungen immer und immer wieder in widerlicher Beredtsamkeit dem und jenem verrät, er fühlt sich persönlich verwundet durch diese Indiskretion, und beschämt kommt er dazu, fanatisch zu leugnen, daß solche Dinge in ihm jemals vorgehen könnten. »Ich habe niemals Töne gesehen und niemals Farben gehört«, schreit er entrüstet wie einer, dem man nachweisen will, daß er verrückt sei. Und doch könnte die Kunst bei vornehmer und leiser Verwertung ihrer letzten Erkenntnisse in jedem Unvoreingenommenen ungeahnte seelische Reichtümer erwecken, ganz zarte Glocken zu leisem beglückenden Erwachen bringen und helle Perspektiven aufdecken wie alte Träume oder Erinnerungen.

Eine Gruppe von Künstlern weiß ich, welche alle die neuen und intimen Mittel kennt, und sie mit Takt und mit der nötigen Zärtlichkeit, ohne brutale Übertreibung und technische Betonung anwendet, und es ist lieb, daß es eine uns nahe, nachbarliche Kunst ist, die sich dieses Vorzuges rühmen kann: *Die Wiener Kunst*. Eines haben die Wiener vor denen im Reich und vor vielen anderen voraus: sie haben Geschmack. Und mögen sie in ihrer Tätigkeit noch so bewußt und übermütig werden, immer bleibt dieses ganz Unbewußte neben ihnen, wie ein treuer heimlicher Schutzgeist. Es war ein so langer Stillstand in Wien, und es ist ein Beweis des schönen österreichischen Tempera-

mentes, daß der erste Versuch zu so reicher und reifer Blüte führen
konnte. Und wenn diese Kunst der Loris und Altenberg auch nur eine
Epoche war und in schöne Manier erstarrt, sie werden nie mehr ganz
einschlafen, die Wiener, selbst wenn kein solcher Schönheitsbüttel mit
seinem kleinen Zorn und seiner großen Phrase hinter ihrer ästhetischen
Schlafmützigkeit her sein sollte, wie Hermann Bahr.

Zunächst ein paar Worte über diesen Vielgenannten. Da giebt es
solche, welche ihn nur lächerlich finden, und solche, welche sogar lächeln über ihn. Den Einen gilt er für banal und dumm, den Einen für
klug und geistreich, man kann Leute treffen, die einen Künstler in ihm
erkennen, neben solchen, die ihn als Kritiker schätzen, und nicht weit
davon andere, welche ihm alle Fähigkeit zu beiden Berufen absprechen
möchten. Alle haben recht und unrecht zugleich. Das macht: Hermann
Bar ist gewiß Alles das schon gewesen, und was er noch nicht war,
das wird er Alles nochmal – scheinen. Er ist nämlich gar keiner. Er
ist nur eine Art Widerhall der jungen Wiener. Wie ein Schatten wiederholt er ihr Wesen in breiteren, dunklen Dimensionen und vergrößert
und vergröbert die feinen leisen Bewegungen dieser vornehmen Aesthe-
ten, die er auch nur so versteht, wie er sie verkündet. Er weiß gar nicht
viel von ihrer Kunst, aber für manches Unausgesprochene, Namenlose
darin erfindet er einen glatten glänzenden Namen und schleudert den
mit »schöner Güte« in die staunende Menge. Er fühlt sich als der Ge-
bende dabei und kommt oft so weit, diese Rolle auch denjenigen gegenüber, deren tönendes Werkzeug er wurde, fortzuspielen. Das macht
das Publikum irre; die Leute benehmen sich dann oft wie Kinder,
welche den betreßten Lakaien auf dem Bock für den König halten,
weil sie hinter seinem Talmiglanz den blassen ernsten Mann im Wagen
gar nicht bemerken. So geschieht es wirklich: die Fernerstehenden
halten Bahr für das, was er, mühsälig genug, nachahmt, und er, dessen
einziges Talent die Pose ist, weiß wohl die Meister zu verdecken, welche
er verkündet.

So kommt es, daß der Name *Loris* immer noch wie ein Märchen
klingt; nur wenig Eingeweihte finden die seltsam prächtigen Verse des
Loris oder Hugo von Hofmannsthal, wie er eigentlich heißt, in den
kaum zugänglichen »Blättern für die Kunst«, die nur in einem gelade-
nen Leserkreis beschränkte Verbreitung finden, oder auf den Seiten
des »Pan«, wo sie wie in Marmor gegraben, mit stillen, stolzen Lettern
prangen. Dieser stille Stolz entspricht am besten der Eigenart seiner

glänzenden Gedichte, deren tiefster Zauber darin zu beruhen scheint, daß sie, unzufrieden mit ihrer eigenen breiten Pracht, einem noch größern, ewigen Glanz sich entgegensehnen. Sie sind wie einsame Frauen, diese Verse, die, reich an Geschmeid und Gewand, am Rande blühender Gärten warten auf irgend eine letzte leuchtende Erfüllung. Loris hat ja gewiß von Frankreich her manche Geste übernommen, und er träumt manchen Farbentraum einem Baudelaire oder einem Mallarmé nach; aber diese verschiedenen romanischen Erbstücke waren seinem reichen, ursprünglichen Besitz so verwandt, daß man sie nun kaum mehr zu sondern vermag.

Während Loris aus lauter Ehrfurcht vor der würdigen Schönheit 387 auch Formsucher wurde, glaube ich, daß Peter Altenberg die seinen Stoffen so ungeheuer passende Gestalt unwillkürlich aus dem aufrichtigen Geständnis heraus gewonnen hat, und daß er sie erst, seit er berühmt wurde, bewußt und deshalb lange nichtmehr mit derselben Keuschheit, wenngleich immer noch graziös handhabt. Er ist der erste Verkünder des modernen Wien. Seine hohe gesellschaftliche Reife (fast Überreife) findet sich in diesen Skizzen ebenso wie die biedermairische Gemütlichkeit, der lichte Frohsinn seiner Häuserstirnen, die ewige Festlichkeit seiner Ringe, die beständig einem Makartzug oder einer Kompagnie Deutschmeister entgegenzuwarten scheinen, und dann wieder die traurig rauschende Melancholie seiner Garten – Alles ist in diesen Skizzen mit der größten Pünktlichkeit – nicht beschrieben, – eben nur notiert, festgestellt, sozusagen in aller Unschuld konstatiert. Es liegt eine unsagbare primitive Schönheit darin. Wien hat plötzlich seine Sprache gefunden: es baut sich gleichsam nochmals auf aus seinen innersten Elementen und wird ein Wien neben Wien, ein Wien im Spiegel – wie hinter einem Glas, weit, blaß, glänzend!

Mit Altenberg komme ich zu denjenigen Lyrikern (denn er gehört zu diesen, nicht zu den Novellisten), welche die alte Gedichtform auch nichtmehr äußerlich durch unmotiviert endende Verszeilen simulieren, sondern klipp und klar eingestehen, daß sie »Gedichte in Prosa« schreiben. Diese Aufrichtigkeit ist sehr lobenswert, man weiß gleich, wie man sich gegen sie zu kehren hat. Und es sei denn ein für allemal gesagt, daß das Wesen des Gedichtes keineswegs mit dem Reim und 388 dem Rhythmus steht und fällt; denn wo es sich darum handelt, letzte Empfindungen in der unwillkürlichsten, also individuellsten Form austönen zu lassen, ist neben anderen auch eine Form möglich, welche der Prosa ziemlich ähnelt. Aber sie wird sich doch nie mit der Prosa der betreffenden Persönlichkeit verwechseln lassen, denn auch dieses Werk muß, als ein unbewußtes Tönen, dem bewußten, von Intellekt und Überlegung geleiteten Erzählen gegenüber, Rhythmus haben, – nämlich den Rhythmus der ganzen Persönlichkeit, und also immer noch eine höhere gebundene Form darstellen als jede noch so poetische Prosa. Deshalb ist das »Gedicht in Prosa« eine durchaus falsche und irreführende Bezeichnung, und jeder Schaffende, welcher denkend und nicht gewohnheitsmäßig seine Schöpfungen also benennt, gesteht ja im Vorhinein zu – etwas – »in Prosa« verfaßt zu haben und steht dem, der von Gedichten zu sprechen hat, nichtmehr im Wege. Auch ist es ganz überflüssig, einen solchen Wink mit dem Zaunpfahl zu geben; denn hat einer, welcher zu lesen versteht, ein solches Buch durchwandert, ohne sich klar geworden zu sein, ob es Gedichte wären, so sind es gewiß keine – und, wer das Lesen noch nicht gelernt hat, fühlt sich durch die beschränkende Titelmarke nur vergewaltigt oder beschämt. Seit man es aufgegeben hat, den Wert und die Eigenart lyrischer Ge-

389 ständnisse durch die kleidsamen, uniformen Trachten des Sonetts, der Stanze u.a. zu beeinträchtigen, schreibt eben jeder seine ganz persönlichen Verse (worunter ja dann und ja ein Madrigal oder ein Sonett mit unterlaufen kaum), und diejenigen Arten derselben, welche die Zeilen füllen statt 3–5 cm vom Rande zu enden, anders zu benennen, dazu liegt doch nicht der geringste Grund vor. Es kann in der einen Gestalt wie in der anderen sich etwas darstellen, was trotz allem und allem kein Gedicht ist, und das reinreimigste Sonett ist noch lange nicht die Gewahr Gedicht zu sein, wie die randvollste Seite niemals eine Gefahr bedeutet dafür. Wohl aber ist es eine große Bequemlichkeit für jene, welche weder Gedichte noch Prosa zustande bringen, die unglaubliche Verschwommenheit ihrer Pubertätsprosa mit der Bezeichnung »Gedichte« zu adeln. Das sind diejenigen, die, um ihrer unreinen Reime willen aus dem Paradies kleiner Winkelblättchen vertrieben, zur Überzeugung kommen, daß die Prosa doch »das Leichtere« sei. Das ist ein sündhafter Irrtum. Einem Jüngling, der in sich lauscht, kann früh, in erster Unreife ein unsterbliches, ewiges Lied gelingen; er kann der Leidende dabei sein, es kann ihm geschehen, wie ein Traum ihm geschieht: er ist unschuldig daran. Es ist nicht ein Beweis für seine Kraft, sondern vielleicht für seine Reinheit, für das Klingende seines Gemüts, für ein zeitiges Erwachen seiner Seele. – Eine gute Prosa muß ihm deshalb auch 15

27

Jahre später nicht gelingen; denn diese ist nicht unbewußtes Gestehen, sondern bewußtes hartes Ringen mit Stoff und Form, ernste Männerarbeit.

Daher habe ich oft arges Mißtrauen gegen die Verfasser von »Gedichten in Prosa«. Ihr Buch beweist, daß sie keine Gedichte machen 390 können, und ein eventuell beigelegter Brief beeilt sich zu bestätigen, daß die einfachste Prosa ihnen auch ziemlich schwer fällt. Wenn die sogenannte Form » Gedichte in Prosa« vollends ein ganzes Buch von 200–300 Seiten beherrscht, liegt der Gedanke nahe, daß nur einige darunter Gedichte sein können, andere aber gezwungen waren, sich eben nach dem Willen des Verfassers zu verkleiden. Denn dieses Gewand kann nur ganz bestimmten Gefühlsstoffen unwillkürlich gewesen sein, und ein Band davon ist eine ebensolche Vergewaltigung des intimen Empfindens wie ein Band von Sonetten. Es ist übrigens eine grunddeutsche Eigenschaft, die Uniformierungssucht des Deutschen, eine Art von Gefühlsvereinsmeierei mit gemeinsamem Statut und zwillingsgleichen Jacken …

Nur bei Altenberg kann man dieselbe Form ein buchlang, vielleicht auch zweibücherlang ertragen. Sein Stoffkreis ist verhältnismäßig eng, und jeder seiner leisen Beichten ist eben diese Form ganz natürlich. Wenn aber auch andere über die bisherigen Grenzen hinausgehende Stoffkreise drin anklingen werden, wird die Form schon als enge, gezierte Manier erscheinen, abgesehen davon, daß Peter Altenberg weitere Geständnisse nicht zu machen hat, wenn er aufrichtig sein und sich auch nicht wiederholen will. –

Andere Versuche in diesem Sinne haben Caesar Flaischlen, Julius Hart, Johannes Schlaf und von Heimischen Alfred Guth gemacht. Sie sind jeder in seine Erfindung vernarrt, halten sie natürlich für *die Form* der Zukunft, oder wenigstens für *ihre* Form, geben volle Bücher davon 391 und bemerken nicht, wie sie manches schöne Gefühl um des harten Gesetzes willen zutode quälen. Alle Erfinder sehen nichts neben ihrer Erfindung und werden einseitig. Der Mensch, welcher das Lachen entdeckt hätte, würde zweifelsohne auf jede andere Äußerung hochmütig verzichtet haben. Und so sind diese auch. Am meisten »Gedichte« dürften in dem neuen Buche Caesar Flaischlens stehen. Er ist wie alle, die den Realismus hinter sich haben, ein guter Beobachter und feinhöriger Künstler geworden, der aus reichen inneren Quellen schöpft, und sein jüngstes Buch (»Von Alltag und Sonne«) ist in diesem Sinne um so glücklicher, als es eine Nacherne seines intimen Erlebens (etwan von 1891 bis 97) enthält. Briefstellen, Postkartenzeilen und Tagebuchblätter sind mit feinem, wählerischem Geschmack an einandergereiht, wie verblaßte Blumen. Ihre versonnene Schönheit aber lebt von der zärtlichen Erinnerung, mit welcher der Dichter sie umsorgt. Hier kann das Zufällige der Entstehung und die aufrichtige Mitteilung Bürge sein für die Notwendigkeit dieser Form. Sie rechtfertigt sich selbst durch die innige Teilnahme, mit welcher sie Lieder und Skizzen begleitet. Vor hohen und hellen Gefühlen geht sie auf wie ein Meer, und dann wieder überwölbt sie mit leisen schützenden Rhythmen irgend eine innige Bangigkeit. Das sucht auch Alfred Guth zu erreichen und er hat bei sich selbst manches schone Geständnis erlauscht. Nur seine Form wird leicht enge und monoton und scheint mir stark von Altenberg beeinflußt. – Johannes Schlaf hat von seinem neuen zweiten Teil von »In Dingsda« erst ein paar Bruchstücke im »Pan« veröffentlicht, die eine an Verschwommenheit grenzende Weichheit und Empfindlichkeit besitzen. Zu ähnlichen Wirkungen gelangt Julius Hart, der, nachdem er die ganze neue Kunst, lehrend und wehrend, in seinen oft trefflichen Kritiken begleitet hat, in seinem Buch »Stimmen in der Nacht« zwei formale Neuschöpfungen theoretisch erörtert. Es sind eigentlich Novellen, aber der Umstand, daß ihre Handlung in dem primären Gefühlsschauplatz, in der Seele einerseits zurückgehalten, andererseits dahin projiziert werden soll, nähert sie stark den subjektiven lyrischen Geständnissen, und stellt sie also an den Rand meiner Betrachtung. Julius Hart meint so die ursprüngliche Höhe und Frische der Empfindungssensationen, gleichsam direkt, ohne den erkaltenden Umweg durch die Komposition zu machen, in sein Werk hinüberzuleiten und vergißt, daß dies wohl die Lyrik für ihre Gefühlselemente gestattet, die dreidimensionale Handlung aber in dieser Art niemals übertragbar ist. Er hat ein unhaltbares Mittelding zwischen Gedicht und Novelle geschaffen, welches stellenweise ganz Gedicht ist und da seine tiefe Poesie nicht verleugnet.

Alle Bücher, von denen ich hier gesprochen habe, nicht zum wenigsten die letztgenannten, haben ein Gemeinsames: ihre künstlerische Ausstattung. An Stelle der sinnlosen Clichés ist allenthalben ein begleitender Buchschmuck getreten, Papier und Druckertype sogar haben sich der Art des Buches besonders angepaßt.

Ein freudiges Zusammentun der Künste und Künstler macht sich bemerkbar. Nicht nur der Inhalt ihrer Werke ist freudig und erwartungsvoll, auch ihr äußeres Gewand wird würdig und feierlich. Und in alle Dinge steigt diese leise sehnsüchtige Schönheit; die Möbel, Teppiche und die kleinsten Dinge täglichen Gebrauches um euch wird sie ganz unvermutet verwandeln. Und plötzlich werdet ihr die einzigen sein, die noch die Nutzkleider des Alltags tragen. Und ihr werdet erschrocken auch eure Seelen schmücken zu dem festlichen Empfang der neuen Zeit, deren bescheidener, unbeholfener Verkünder ich sein will in diesen Worten!

Intérieurs

I. Man muß sie gesehen haben, diese kleinen und ganz kleinen Städte in meiner Heimat. Sie haben *einen* Tag auswendig gelernt; den schreien sie immerfort wie große graue Papageien in die Sonne hinein. Nah an der Nacht aber werden sie namenlos nachdenklich. Man sieht es den Plätzen an, daß sie sich bemühen, die dunkle Frage zu lösen, die in der Luft liegt. Das ist rührend und ein wenig lächerlich für den Fremden. Denn er weiß ohneweiters: giebt es eine Antwort – irgendeine –, dann kommt sie bestimmt nicht von den kleinen und ganz kleinen Städten meiner Heimat her, – sie mögen sich noch so ehrlich anstrengen, die Armen.

II. Wenn ich an kleine Mädchen denke, die gerade große Mädchen werden (das ist keine langsame zaghafte Entwickelung, sondern etwas seltsam Plötzliches), so muß ich mir hinter ihnen ein Meer denken, oder eine ernste, ewige Ebene oder sonst etwas, was man eigentlich nicht schauen, sondern nur ahnen kann und auch das nur in stillen, tiefen Stunden. Dann sehe ich die großen Mädchen ebenso groß, als ich die kleinen und kinderhaften winzig gewohnt war; – und weiß der liebe Himmel weshalb ich sie nun einmal so sehen will. Es hat alles seinen Grund. Aber die besten Dinge und Ereignisse sind doch die, welche ihre Ursache mit beiden Händen verdecken, sei es aus Bescheidenheit oder weil sie nicht verraten sein wollen.

III. Aber trotzdem: auch in den kleinen und ganz kleinen Städten meiner Heimat werden die kleinen Mädchen über Nacht große Mädchen. Ich kann es nicht hindern und kann auch nachträglich kein Meer hinter ihrem Rücken ausgießen, weil das zur Folge hatte, daß die jüngeren Brüder, die ihr Zehn-Uhr-Butterbrot noch in der Schule essen, beim Heimkommen erzählen müßten: »Was in der Geographie steht ist falsch. Und der Herr Lehrer hat gelogen. Er hat uns gesagt, daß das Meer tief unten beginnt, ganz am Rand der Landkarte von Österreich-Ungarn. Und nun ist es mitten im Königreich Böhmen – das Meer.« Und ich weiß, daß die kleinen Klugheiten überlegen lächeln bei solchen Erkenntnissen. Und doch ist das Lächeln über das Meer, das ich unerwartet mitten in Böhmen gemacht habe, lange nicht so licht, wie die Freude, mit welcher sie sich selber angesichts der blanken Dielen oder des Furchenfeldes befehlen: das ist das Meer. So will ich die Schöpfung diesen kleinen Allmächtigen überlassen und mich damit zufrieden geben, daß hinter den Mädchen, die ich meine, wirklich und wahrhaft die Ebene liegt.

IV. Freilich: es ist nicht die Ebene, die ich meine. Nicht die müßigen Moräste zwischen Lucca und Pistoja, über denen die Vögel schnell und ängstlich fliegen, als ob sie fürchteten müde zu werden mitten in dieser haltlosen Traurigkeit. Es sind nicht die faltigen Flächen der Mark, in denen wachsame Flügelmühlen auf den nächsten Wind warten. Und auch die Felder in Westpreußen sind das nicht, die schon fast Meer bedeuten und einen leisen breiten Wellenschlag haben, in dem sie das Gold ihrer Abende langsam sammeln. Es sind einfach die böhmischen Gebreite, reich und ruhig. Und man hebt sich nicht ab von ihnen, man wird nicht ein Einsamer. Immer sind ein paar Kirsch- oder Apfelbaume da, neben denen man unbedeutend und gesellig aussieht, man mag noch so allein und ratlos sein im Herzen.

V. Und, weiß Gott weshalb, ich denke, daß meine Mädchen also sind. Je mehr ihrer beisammen stehen, desto einsamer wird eine jede. Die welche hinzutritt zu dem schweigsamen Schwesterkreis, geht eigentlich fort und das Furchtbare ist, daß keiner weiß wohin. – Ein alter Mann hat mir einmal am Abend gesagt, daß alle Wege, die man nicht kennt, zu Gott führen. Er hat es bestimmt gewußt und ich glaube es ihm auch heute noch. Aber ich fürchte nur, daß meine Mädchen zu ganz verschiedenen Zeiten bei Gott ankommen, so daß die Ersten schon wieder weiter sind, wenn die Zögernden atemlos und mit heißen Gesichtern vor Ihm staunen. Auf diese Weise können sie sich nie und nirgends Alle wiedersehen. Wenn man nämlich annimmt, daß Nichts bei Gott bleibt, sondern über Ihn hinaus strebt, ja vielleicht erst recht anfängt sich zu rühren, wenn es Ihn gefunden hat.

VI. Meine Mädchen finden weder, noch suchen sie. Sie können sich überhaupt nicht erinnern, daß sie einmal gesucht haben. Sie wissen nur dunkel von verschiedenen Funden, die in die Zeit vor dem Groß-Werden gehören. Was sich ihnen damals wider Erwarten in die scheuen, braunen Händchen schmiegte oder in die viel scheueren Herzen, das haben sie aufbewahrt all die Jahre lang; mochte es eine verbogene Brosche oder ein verlorenes Wort gewesen sein. Man sinnt so gern, wem die Dinge gedient haben und wozu. Ich habe mich immer, sooft ich einen Fund getan habe, wie ein Erbe gefühlt, der die Herrschaft antritt nach einem unbekannten König. Und aus dieser Erfahrung heraus behaupte ich, daß meine Mädchen die rechtmäßigen Erbinnen 402 vergangener Frauen sind, die schöne und schwere Kronen getragen haben.

VII. Bei Knaben heißt Groß-Werden, mündig werden. Die großen Mädchen aber sind viel unmündiger als die kleinen. Die kleinen küßt man offen und oft; die großen möchte man heimlich küssen. Das ist ein Unterschied und sicher der seltsamsten einer. Die Knaben wachsen so stramm und stetig in ihr Mannsein hinein; auf einmal paßt es ihnen: du weißt nicht wie. Die Mädchen lassen plötzlich ihr Kinderkleid los und stehen furchtsam und frierend da am Anfange eines ganz anderen Lebens, in dem die Worte und die Münzen, welche sie gewohnt waren, nichts mehr gelten. Sie entwickeln sich nur bis an die Schwelle ihrer Reife regelmäßig und ruhig. Von da an verwirren sich die Uhren. Mancher Tag ist wie gar keiner und hinter ihm kommt eine Nacht, die ist: wie tausend Tage.

VIII. Alte Leute vom Land erzählen davon, daß die jungen Mädchen in der guten Zeit, die sie die ihre heißen, an den langen Nachmittagen des Herbstes zu Rocken gingen. In der großen gastlichen Stube, drin sich die ganze Freundschaft sittsam zusammenfand, saßen sie sinnend im Rund, und oft sprach das frühe Feuer für sie, das sich im dachigen Kachelkamin auf dem herrschaftlichen Holz behaglich ausstreckte. Ein Duft von weißem, feinem Linnen, hausbackenem Rosinenkuchen (nach geheimem Rezept) und heißem prasselndem Tannenharz, richtig gemischt und um meine gütige alte Tante Zdeni sorglich ausgebreitet, könnte wohl bewirken, daß der feinen, greisen Frau manches wieder einfiele, was sie fünfundvierzig Jahre vorher in dieser ahnungsvollen Atmosphäre empfand. Aber wir haben nicht die Mittel diesen wundersamen Weihrauch zu wecken, und meine gütige Tante Zdeni versichert, es müsse sich alles Schöne, was sie damals sann, fest in den Fäden der weißen Gewebe finden, die sie das ganze Jahr unberührt in dem Schranke aus mattem Mahagoni verwahrt hält; denn da es nicht in ihrem langen Leben war, wird es wohl in den Tischtüchern geblieben sein, meint sie.

IX. So ist es immer. Eher webt man seine Träume tief in Tücher ein, als daß man sie so neben dem Leben her wachsen ließe, in dem sie nicht genug Sonne hätten, um auszureifen. Wenn man zu Ende ist, läßt man sie in kleinen und scheinbar wertlosen, altmodischen Dingen zurück, die bis an ihr eigenes Zugrundegehen nichts verraten. Nicht etwa weil sie schweigen, sondern weil sie sentimentale Lieder singen in einer Sprache deren letzter Versteher gestorben ist und für welche es keine Wörterbücher und keine Lehrer giebt. So hilft mir denn auch meiner tugendsamen Ahnin, der Josepha Christin von Goldberg elfenbeinbesetztes Spinnrad nur schlecht zum Verständnis der rockenreifen Mädchen in den kleinen und ganz kleinen Städten meiner Heimat.

X. Sie müssen mir selber helfen. Wundersam ist die Hilfe der Hilflosen und heilig. Ihr Verstummen oder Staunen ist vielleicht ein stärkeres Beistehen als die riesigen Reden, die in der Überzeugung von neunundneunzig Gerechten gedeihen. Und dann: wenn du neunundneunzig Gerechte erst gefunden hast, verzichtest du sicher gerne darauf, sie auch noch reden zu hören; denn es waren dann vielleicht gar nicht mehr neunundneunzig. Meiner Mädchen indessen sind mühelos mehr. Denn wenngleich ich nur die in meiner Heimat zahle, weiß ich doch, daß aus allen Orten, in denen ich ein Ave läuten gehört habe, Viele leise mitgehen, und ich tue als ob ich es nicht bemerkt hätte. So wachst

die Wanderzahl langsam an, und ich habe Mühe die Menge zu überschauen, die sich dunkel an mir vorüberdrängt.

XI. Sie sind Schwestern von Gewand. Sie sind Verwandte in ihrer
Angst, Abschiednehmende in ihrer Freude und Fremde von Herz zu
Herz. Sie haben das Gemeinsame *um* sich und *in* sich je eine eigentüm-
liche Einsamkeit, in der Gebräuche und Gebete gelten, von denen wir
uns nicht träumen lassen. Sie sind jede wie eine Religion, die vom
Munde eines offenbarenden Gottes unterwegs ist: die zu einem ver-
schmachteten Geschlecht, zu einem schwachgeschwelgten Stamme jene.
Sie tragen jede eine Schale voll Erfüllung in den rhythmisch zitternden
Händen, aber keine weiß, an welche Lippen ihr glänzendes Gefäß
grenzen wird.

405

XII. In den Büchern stehen die Geschicke derjenigen aufgezeichnet,
die besonders glücklich oder unglücklich, besonders heilig oder besonders häßlich von Herzen waren. Dann Episoden aus dem Leben einer
jeden; Hoffnungen und Heimlichkeiten, Ohnmachten und Offenbarungen geordnet nach dem Alphabet des Alters und der Erfahrung. Man
spricht dort entweder von den Mädchen auf dem Land, oder von den
Mädchen in den Städten, oder wohl gar von einem einzigen Mädchen,
welches aus dem einen Rahmen in den anderen geschoben wird. Man
beschreibt dort entweder ein Mädchen dem nichts oder ein solches
dem Alles geschieht; oder mit besonderer Vorliebe wählt man auch
da ein Beispiel, an dem sich beides der Reihe nach zeigen läßt, welches
als sehr lehrreich und spannend empfunden wird. Das ist nun einmal
so Sitte geworden in den Romanen und bei denen, welche sich mit
dem Erdichten von Geschichten, Begebenheiten und Schicksalen befas-
sen.

XIII. Man kann nichts gegen diese ruhige und beschauliche Beschäftigung vorbringen; denn die Geschichte des Zoroaster, des Plato, Jesu-
Christi, des Columbus, des Lionardo und des Napoléon und noch
mehrerer Menschen mußte geschrieben werden, das heißt sie schrieb
sich sozusagen von selbst. Eine jede dieser handelnden Personen zog
eine Furche in das große graue Gehirn der Erde, und wir alle tragen
eine kleine Reproduktion dieses Urhirnes in uns, nach der Art der
Taschenuhren oder der kleinen runden Kompaßpillen, die anzeigen,

wo die Sonne aufgeht über einen biederen Bürgerbauch. Später entstand auch die Geschichte seltener Frauen; doch da war schon ein leises Beihelfen notwendig und für das geozentrische Haupthirn war eine Logik und eine Mnemotechnik erfunden worden, auf welche selbst die Historiker von heute stolz sind. In den jüngsten, halbverhallten Jahrhunderten hat man sich immer mehr um das »*paysage intime*« bemüht, will sagen, man hat die Geschichte der namenlosen Menschen erzählen wollen. Der Eine oder der Andere glaubte nämlich bemerkt zu haben, daß eine Schlacht nicht notwendig bei Thermopylä, Hastings oder Austerlitz, sondern gelegentlich bei Angst, Sehnsucht oder Undank Raum hat, und daß nicht jede Entdeckung auf ein Amerika, nicht jedes Erfinden auf Pulver, Dampfmaschine oder Luftschiff fallen muß, um bedeutend und in einem bestimmten Begriff fruchtbar zu sein. Dabei ist es üblich geworden, statt beglaubigter Helden, glaubhafte hinzustellen. In dieser Absicht zerreißt man seit vielen Jahrzehnten die Heroen der Vergangenheit und die brauchbaren Zeitgenossen und fügt aus unkenntlichen Stücken neue und immer neue Möglichkeiten zusammen, die sich wie interessante oder seltsame Menschen ausnehmen sollen, wenigstens wenn man sie im richtigen Licht und von einer bestimmten Stelle aus betrachtet. Man stellt unablässig Versuche an, erfindet Gesetzmäßigkeiten, vor denen ältere Gesetze mäßig erscheinen, und man hat große Freude, wenn man ein Präparat, dem man den Kopf statt auf dem Rumpf, auf der Zehe des rechten Fußes angeheftet hat, eine

Weile lebendig erhält. Dabei wird man klug. Das heißt man legt sich eine Sammlung mehr oder minder ernster Erfahrungen an und muß immer noch ein Zimmer zu mieten, um alle Früchte des rüstigen Forscherfleißes unter Dach zu halten. Bei einer solchen Sichtung werten natürlich die seltenen Arten und unerwarteten Nuancen am schwersten. Und es mag sein, daß reife Menschen, die sich heftig von ihrer Umgebung abheben, merkwürdige Dinge erleben und das obendrein auf die merkwürdigste Art. Man pflegt zu sagen: ihr »Schicksal« begründe das größere Interesse, und man meint damit zweierlei: das, was ihnen von außen zustößt, und ihr Verhältnis und Verhalten den Angriffen und Eindrücken gegenüber.

XIV. Wenn ich aus meinen vielen Mädchen und einigen Bruchstücken Jeanne d'Arc, Charlotte Corday und Katharina Emmerich / um nur *eine* Mischungsmöglichkeit zu streifen / *eine* Gestalt zusammenfüge, dann kann auch ich mich einer Heldin rühmen, die, wenn sie sich erst ans Bücken gewöhnt hat, in den Häusern der kleinen Städte gern und gastlich verkehren wird. Aber meine Mädchen seh ich bange werden. Sie fürchten, ich würde sie über alle Abgründe zu einander zerren, und von der Einen das und von der Zweiten ein Anderes und von keiner *alles** wollen; sie haben Angst, daß sie als Halbverschmähete mit der halben Habe in den enttäuschten Händen zurückbleiben, wie weiße Rosen durch die ein Sturm gegangen ist mit breiten, rücksichtslosen, schrecklichen Schultern.

XV. Da sehe ich in ihren Gesichtern und Gestalten hundert und hundert Bangigkeiten. Klare und dunkle, traumhafte und wachsame, entsagende und sehnsüchtige Ängste drängen auf mich zu oder fliehen furchtsam vor meinem Blick ins Unbestimmte. Da weiß ich, daß ich nicht zehn oder zwanzig Mädchen zu einer Heldin zusammenzwingen darf. Ich muß vielmehr die Eine, an die ich denke, ausbreiten über alle tausend Schwestern, die sie immer begleiten. Nur wenn ich von tausend Mädchen rede, wird es scheinen, daß ich von einem etwas Liebes und Heimliches weiß; nur wenn unzählige ihre Stimmen vor einen, wird auch der Fernste und der Traurigste einen Hauch jenes hohen Liedes spüren, das seinesgleichen nicht hat.

XVI. Fra Fiesole hat in den großen Freskobildern, auf denen er einsame strenge Gestalten darstellt, in jeder die Hoffnung auf den Himmel schlicht und schön ausgesprochen. Aber auf den vielen, vielen gottatmenden Angesichten der Engel des »Jüngsten Gerichtes« hat der Himmel selber mit Heiterkeit und Hoheit und Hymnen Raum. Sie sind das farbenfältige Mosaik seiner Macht, und es giebt seiner kein Bild, welches gleich groß und reich und ergreifend wäre.

XVII. Frauen hat es viele gegeben. Müde, wie die blonde Maria, böse wie Berechta von Rosenberg, welche vor dem Tode her leise durch Böhmens Burgen geht, und gute wie Elisabeth, die liebliche Landgräfin von Thüringen, deren Bangnis Rosen aus Brot blühen heißt. Und dann die vielen Mütter überhaupt. Aber hat es schon Mädchen gegeben vor meinen Mädchen? Auf keinem Wege kannst du die Spur solcher Füße finden. Umsonst suchst du diesen leichten Abdruck in allem Sand. Er ist wie ein Mal auf der Wange eines Kindes, das auf seinem Händchen geschlafen hat. Winzige Mulden bleiben im Weg, wie unter der Last einer Liebkosung zurück – hinter den Mädchen; vor ihnen ist Alles glatt und blank. Entweder sind sie also die ersten, oder die vor ihnen sind immer über Wiesen gegangen oder über dunkles, duftendes Moos oder über das Meer?

XVIII. Wird jemand wissen: daß auch auf dem Steinpflaster des Bürgersteiges kein Bild des Fußes bleibt. Darauf ist zu antworten: daß es in diesen kleinen Städten noch nicht allzuviel eingemauerte Gassen giebt. Wenigstens der Fahrdamm ist fast überall noch ein Strom Staubes, aus dem man sich nach den festeren Rändern retten mag. Aber meine Mädchen schreiten mitten durch; immer dort, wo sie viel Himmel über sich fühlen, und auf kleinen weißen Wolken gehn sie durch die ganze Stadt. Mit keinem Woher hinter sich und so ohne Wohin. Gehen einfach. Vielleicht, damit sie ihr Blut nicht so laut branden hören. Gehen im tastenden Takte dieses heimlichen Wellenschlages. Sind der stille Strand ihrer ruhlosen Unendlichkeit. Finden niemals den gleichen Schritt. Wanken gegen einander, wie von vielen, feindlichen Winden bewegt. Winken jede anderswohin. Wenden zögernd an der Ecke um, wenn der Wind ihnen Worte von den Lippen reißt, die sie noch nicht gewollt haben. Den gleichen Weg kommen sie zurück, und immer wieder wandern sie hin und her zwischen zwei Gassen. Wie Wartende sind sie. Irren immer in einer einzigen Viertelstunde herum. Statt hinauszuziehen in die Zeit wie eine weiße Prozession mit einer fremden feurigen Fahne.

XIX. Geh hinter ihnen einmal. Unwillkürlich senkt sich dein Blick; denn ihre lichten Kleider blenden. Dein Auge fällt mit halbversengten Flügeln auf den Fahrdamm, der wie ein breites Buch und aufgeschlagen ist. In seine Blätter haben vergangene Wagen Linien gelegt. Und das ist gut. Denn die Schritte der Mädchen können nicht grade schreiben. Viele Schriften führen die Furchen entlang. Auf und ab. Als ob jemand bei Nacht geschrieben hätte oder wie Briefe von Blinden. Und doch merkt man bei einiger Mühe und Übung, daß das lauter lange Gedichte sind, Improvisationen, durch die wachsend und wechselnd ein seltsamer Rhythmus rinnt. Die gleichen Reimworte kehren immer wieder. Wie Flehende. Du findest dieselben an allen Türen warten. Rührende, schlichte Worte sind es, Lauten, welche nur eine einzige Saite haben.

Eine silberne, – denkst du; und du lässest dich von ihrem Ton begleiten bis in den Traum.

XX. Wenn meine Mädchen wandern und sich bewegen, schwanken ihre Seelen langsam wie Kähne, die an ein unruhiges Ufer gebunden sind. – Denn ihre Seelen sind Gondeln von Gold und voller Ungeduld. Sie sind ganz verhangen mit alten, sanften seidenen Stoffen, so daß es ewig dämmert in ihnen. Die Mädchen lieben dieses duftende Dunkel mit seinen schönen unerschöpften Möglichkeiten. Sie wohnen darin. Selten, wenn die Falten des Vorhangs sich rühren, ritzt sie das Licht. Und sie staunen dann einen Augenblick ein Stück Stube an oder einen Garten, der gerade Abend hat. Und sie erschrecken leise, daß es Stube und Garten und Abend giebt. Und sie heben die Furcht vor diesen vielen Dingen in das seidene Dunkel ihres Lebens hinein und falten die Hände davor. So sind ihre Gebete …

411

XXI..
....
....

413

Notizen zur Melodie der Dinge

I. Ganz am Anfang sind wir, siehst du.
Wie vor Allem. Mit
Tausend und einem Traum hinter uns und
ohne Tat.

II. Ich kann mir kein seligeres Wissen denken,
als dieses Eine:
daß man ein Beginner werden muß.
Einer der das erste Wort schreibt hinter einen
jahrhundertelangen
Gedankenstrich.

412

III. Das fällt mir ein: bei dieser Beobachtung: daß wir die Menschen noch immer auf Goldgrund malen, wie die ganz Primitiven. Vor etwas Unbestimmtem stehen sie. Manchmal vor Gold, manchmal auch vor

Grau. Im Licht manchmals, und oft mit unergründlichem Dunkel hinter sich.

IV. Man begreift das. Um die Menschen zu erkennen, mußte man sie isolieren. Aber nach einer langen Erfahrung ist es billig, die Einzelbetrachtungen wieder in ein Verhältnis zu setzen, und mit gereiftem Blick ihre breiteren Gebärden zu begleiten.

V. Vergleiche einmal ein Goldgrundbild aus dem Trecento mit einer von den zahlreichen späteren Kompositionen italienischer Frühmeister, wo die Gestalten zu einer Santa Conversazione vor der leuchtenden Landschaft in der lichten Luft Umbriens sich zusammenfinden. Der Goldgrund isoliert eine jede, die Landschaft glänzt hinter ihnen wie eine gemeinsame Seele, aus der heraus sie ihr Lächeln und ihre Liebe holen.

VI. Dann denke an das Leben selbst. Erinnere dich, daß die Menschen viele und bauschige Gebärden und unglaublich große Worte haben. Wenn sie nur eine Weile so ruhig und reich waren, wie die schönen Heiligen des Marco Basaiti, müßtest du auch hinter ihnen die Landschaft finden, die ihnen gemeinsam ist.

VII. Und es giebt ja auch Augenblicke, da sich ein Mensch vor dir still und klar abhebt von seiner Herrlichkeit. Das sind seltene Feste, welche du niemals vergißt. Du liebst diesen Menschen fortan. Das heißt du bist bemüht die Umrisse seiner Persönlichkeit, wie du sie in jener Stunde erkannt hast, nachzuzeichnen mit deinen zärtlichen Händen.

VIII. Die Kunst tut dasselbe. Sie ist ja die weitere, unbescheidenere Liebe. Sie ist die Liebe Gottes. Sie darf nicht bei dem Einzelnen stehen bleiben, der nur die Pforte des Lebens ist. Sie muß ihn durchwandern. Sie darf nicht müde werden. Um sich zu erfüllen muß sie dort wirken, wo Alle – *Einer* sind. Wenn sie dann diesen *Einen* beschenkt, kommt grenzenloser Reichtum über Alle.

IX. Wie weit sie davon ist, mag man auf der Bühne sehen, wo sie doch sagt oder sagen will, wie sie das Leben, nicht den Einzelnen in seiner idealen Ruhe, sondern die Bewegung und den Verkehr Mehrer(er) betrachtet. Dabei ergiebt sich, daß sie die Menschen einfach neben einander stellt, wie die im Trecento es taten, und es ihnen selbst überläßt sich mit einander zu befreunden über das Grau oder das Gold des Hintergrundes hin.

X. Und darum wird es auch so. Mit Worten und Gesten suchen sie sich zu erreichen. Sie renken sich fast die Arme aus, denn die Gebärden sind viel zu kurz. Sie machen unendliche Anstrengungen die Silben einander zuzuwerfen und sind dabei noch herzlich schlechte Ballspieler, die nicht auffangen können. So vergeht die Zeit mit Bücken und Suchen – ganz wie im Leben.

414

XI. Und die Kunst hat nichts getan, als uns die Verwirrung gezeigt in welcher wir uns meistens befinden. Sie hat uns beängstigt, statt uns still und ruhig zu machen. Sie hat bewiesen, daß wir jeder auf einer anderen Insel leben; nur sind die Inseln nicht weit genug um einsam und unbekümmert zu bleiben. Einer kann den Anderen stören oder schrecken oder mit Speeren verfolgen – nur helfen kann keiner keinem.

XII. Von Eiland zu Eiland giebt es nur eine Möglichkeit: gefährliche Sprünge, bei denen man mehr als die Fuße gefährdet. Ein ewiges Hin- und Herhüpfen entsteht mit Zufällen und Lächerlichkeiten; denn es kommt vor, daß zwei zueinander springen, gleichzeitig, so daß sie einander nur in der Luft begegnen, und nach diesem mühsamen Wechsel ebenso weit sind Eines vom Anderen – wie vorher.

XIII. Das ist weiter nicht wunderlich; denn in der Tat sind die Brücken zu einander, darüber man schön und festlich gegangen kommt, nicht *in* uns, sondern hinter uns, ganz wie auf den Landschaften des Fra Bartholome oder des Lionardo. Es ist doch so, daß das Leben sich zuspitzt in den einzelnen Persönlichkeiten. Von Gipfel zu Gipfel aber geht der Pfad durch die breiteren Tale.

415

XIV. Wenn zwei oder drei Menschen zusammenkommen, sind sie deshalb noch nicht beisammen. Sie sind wie Marionetten deren Drähte in verschiedenen Händen liegen. Erst wenn *eine* Hand alle lenkt, kommt eine Gemeinsamkeit über sie, welche sie zum Verneigen zwingt oder zum Dreinhauen. Und auch die Kräfte des Menschen sind dort, wo seine Drähte enden in einer haltenden herrschenden Hand.

XV. Erst in der gemeinsamen Stunde, in dem gemeinsamen Sturm, in der einen Stube, darin sie sich begegnen, finden sie sich. Erst bis ein Hintergrund hinter ihnen steht, beginnen sie miteinander zu verkehren. Sie müssen sich ja berufen können auf die *eine* Heimat. Sie müssen einander gleichsam die Beglaubigungen zeigen, welche sie mit sich tragen und welche Alle den Sinn und das Insiegel desselben Fürsten enthalten.

XVI. Sei es das Singen einer Lampe oder die Stimme des Sturms, sei es das Atmen des Abends oder das Stöhnen des Meeres, das dich umgiebt – immer wacht hinter dir eine breite Melodie, aus tausend Stimmen gewoben, in der nur da und dort dein Solo Raum hat. Zu wissen, *wann Du einzufallen hast,* das ist das Geheimnis deiner Einsamkeit: wie es die Kunst des wahren Verkehres ist: aus den hohen Worten sich fallen lassen in die eine gemeinsame Melodie.

XVII. Wenn die Heiligen des Marco Basaiti sich etwas anzuvertrauen hätten außer ihrem seligen Nebeneinandersein, sie würden sich nicht vorn im Bild, drin sie wohnen, ihre schmalen, sanften Hände reichen. Sie würden sich zurückziehen, gleich klein werden und tief im lauschenden Land über die winzigen Brücken zueinander kommen.

XVIII. Wir vorn sind ganz ebenso. Segnende Sehnsüchte. Unsere Erfüllungen geschehen weit in leuchtenden Hintergründen. Dort ist Bewegung und Wille. Dort spielen die Historien, deren dunkle Überschriften wir sind. Dort ist unser Vereinen und unser Abschiednehmen, Trost und Trauer. Dort *sind* wir, während wir im Vordergrunde kommen und gehen.

XIX. Erinnere dich an Menschen, die du beisammen fandest, ohne daß sie eine gemeinsame Stunde um sich hatten. Zum Beispiel Verwandte, die sich im Sterbezimmer einer wirklich geliebten Person begegnen. Da lebt die eine in dieser, die andere in jener tiefen Erinnerung. Ihre Worte gehen aneinander vorbei, ohne daß sie von einander wissen. Ihre Hände verfehlen sich in der ersten Verwirrung. – Bis der Schmerz hinter ihnen breit wird. Sie setzen sich hin, senken die Stirnen und schweigen. Es rauscht über ihnen wie ein Wald. Und sie sind einander nahe, wie nie vorher.

XX. Sonst, wenn nicht ein schwerer Schmerz die Menschen gleich still macht, hört der eine mehr, der andere weniger von der mächtigen Melodie des Hintergrundes. Viele hören sie gar nicht mehr. Sie sind wie Bäume welche ihre Wurzeln vergessen haben und nun meinen, 417 daß das Rauschen ihrer Zweige ihre Kraft und ihr Leben sei. Viele haben nicht Zeit sie zu hören. Sie dulden keine Stunde um sich. Das sind arme Heimatlose, die den Sinn des Daseins verloren haben. Sie schlagen auf die Tasten der Tage und spielen immer denselben monotonen verlorenen Ton.

XXI. Wollen wir also Eingeweihte des Lebens sein, müssen wir zweierlei bedenken: Einmal die große Melodie, in der Dinge und Düfte, Gefühle und Vergangenheiten, Dämmerungen und Sehnsüchte mitwirken, – und dann: die einzelnen Stimmen, welche diesen vollen Chor ergänzen und vollenden.

Und um ein Kunstwerk, heißt: Bild des tieferen Lebens, des mehr als heutigen, immer zu allen Zeiten möglichen Erlebens, zu begründen, wird es notwendig sein die beiden Stimmen, *die* einer betreffenden Stunde und *die* einer Gruppe von Menschen darin, in das richtige Verhältnis zu setzen und auszugleichen.

XXII. Zu diesem Zweck muß man die beiden Elemente der Lebensmelodie in ihren primitiven Formen erkannt haben; man muß aus den rauschenden Tumulten des Meeres den Takt des Wogenschlages ausschälen und aus dem Netzgewirr täglichen Gespräches die lebendige Linie gelöst haben, welche die anderen trägt. Man muß die reinen Farben nebeneinanderhalten um ihre Kontraste und Vertraulichkeiten kennenzulernen. Man muß das Viele vergessen haben, um des Wichti- 418 gen willen.

XXIII. Zwei Menschen, die in gleichem Grade leise sind, müssen nicht von der Melodie ihrer Stunden reden. Diese ist ihr an und für sich Gemeinsames. Wie ein brennender Altar ist sie zwischen ihnen und sie nähren die heilige Flamme fürchtig mit ihren seltenen Silben.

Setze ich diese beiden Menschen aus ihrem absichtlosen Sein auf die Bühne, so ist mir offenbar darum zu tun, zwei Liebende zu zeigen und zu erklären, warum sie selig sind. Aber auf der Szene ist der Altar unsichtbar und es weiß keiner sich die seltsamen Gesten der Opfernden zu erklären.

XXIV. Da giebt es nun zwei Auswege:
entweder die Menschen müssen sich erheben und mit vielen Worten und verwirrenden Gebärden zu sagen versuchen, was sie vorher lebten.
Oder:
ich ändere nichts an ihrem tiefen Tun und sage selbst diese Worte dazu:
Hier ist ein Altar, auf welchem eine heilige Flamme brennt. Ihren Glanz können Sie auf den Gesichtern dieser beiden Menschen bemerken.

XXV. Das Letztere erscheint mir einzig künstlerisch. Es geht nichts von dem Wesentlichen verloren; keine Vermengung der einfachen Elemente trübt die Reihe der Ereignisse, wenn ich den Altar, der die zwei Einsamen vereint, so schildere, daß Alle ihn sehen und an sein Vorhandensein glauben. Viel später wird es den Schauenden unwillkürlich werden, die flammende Säule zu sehen, und ich werde nichts Erläuterndes hinzu sagen müssen. Viel später.

XXVI. Aber das mit dem Altar ist nur ein Gleichnis, und ein sehr ungefähres obendrein. Es handelt sich darum, auf der Szene die gemeinsame Stunde, das worin die Personen zuworte kommen, auszudrücken. Dieses Lied, welches im Leben den tausend Stimmen des Tages oder der Nacht, dem Waldrauschen oder dem Uhrenticken und ihrem zögernden Stundenschlag überlassen bleibt, dieser breite Chor des Hintergrundes, der den Takt und Ton unserer Worte bestimmt, läßt sich auf der Bühne zunächst nicht mit den gleichen Mitteln begreiflich machen.

XXVII. Denn das was man »Stimmung« nennt und was ja in neueren Stücken auch teilweise zu seinem Rechte kommt, ist doch nur ein erster unvollkommener Versuch, die Landschaft hinter Menschen, Worten und Winken durchschimmern zu lassen, wird von den Meisten überhaupt nicht bemerkt und kam um seiner leiseren Intimität willen überhaupt nicht von Allen bemerkt werden. Eine technische Verstärkung einzelner Geräusche oder Beleuchtungen wirkt lächerlich, weil sie aus tausend Stimmen eine einzelne zuspitzt, so daß die ganze Handlung an der einen Kante hängen bleibt. 420

XXVIII. Diese Gerechtigkeit gegen das breite Lied des Hintergrundes bleibt nur erhalten, wenn man es in seinem ganzen Umfange gelten läßt, was zunächst sowohl den Mitteln unserer Bühne, wie der Auffassung der mißtrauischen Menge gegenüber untunlich erscheint. – Das Gleichgewicht kann nur durch eine strenge Stilisierung erreicht werden. Wenn man nämlich die Melodie der Unendlichkeit auf denselben Tasten spielt, auf denen die Hände der Handlung ruhen, das heißt das Große und Wortlose zu den Worten herunterstimmt.

XXIX. Dieses ist nichts anderes als die Einführung eines Chors, der sich ruhig aufrollt hinter den lichten und flimmernden Gesprächen. Dadurch daß die Stille in ihrer ganzen Breite und Bedeutung fortwährend wirkt, erscheinen die Worte vorn als ihre natürlichen Ergänzungen, und es kann dabei eine geründete Darstellung des Lebensliedes erzielt werden, welche sonst schon durch die Unverwendbarkeit von Düften und dunklen Empfindungen auf der Bühne, ausgeschlossen schien.

XXX. Ich will ein ganz kleines Beispiel andeuten; –
Abend. Eine kleine Stube. Am Mitteltisch unter der Lampe sitzen zwei Kinder einander gegenüber, ungern über ihre Bücher geneigt. Sie sind beide weit – weit. Die Bücher verdecken ihre Flucht. Dann und wann rufen sie sich an, um sich nicht in dem weiten Wald ihrer Träume zu verlieren. Sie erleben in der engen Stube bunte und phantastische Schicksale. Sie kämpfen und siegen. Kommen heim und heiraten. Lehren ihre Kinder Helden sein. Sterben wohl gar. 421
Ich bin so eigenwillig, das für Handlung zu halten!

XXXI. Aber was ist diese Szene ohne das Singen der hellen altmodischen Hängelampe, ohne das Atmen und Stöhnen der Möbel, ohne den Sturm um das Haus. Ohne diesen ganzen dunklen Hintergrund, durch welchen sie die Fäden ihrer Fabeln ziehen. Wie anders würden die Kinder im Garten träumen, anders am Meer, anders auf der Terrasse eines Palastes. Es ist nicht gleichgültig, ob man in Seide oder in Wolle stickt. Man muß wissen, daß sie in dem gelben Canevas dieses Stubenabends die paar ungelenken Linien ihres Maeandermusters unsicher wiederholen.

XXXII. Ich denke nun daran, die ganze Melodie so wie die Knaben sie hören, erklingen zu lassen. Eine stille Stimme muß sie über der Szene schweben, und auf ein unsichtbares Zeichen fallen die winzigen Kinderstimmen ein und treiben hin, während der breite Strom durch die enge Abendstube weiterrauscht von Unendlichkeit zu Unendlichkeit.

XXXIII. Solcher Szenen weiß ich viele und breitere. Je nach ausdrücklicher ich meine allseitiger Stilisierung oder vorsichtiger Andeutung derselben, findet der Chor auf der Szene selbst seinen Raum und wirkt dann auch durch seine wachsame Gegenwart, oder sein Anteil beschränkt sich auf die Stimme, die, breit und unpersönlich, aus dem Brauen der gemeinsamen Stunde steigt. In jedem Fall wohnt auch in ihr, wie im antiken Chor, das weisere Wissen; nicht weil sie urteilt über das Geschehen der Handlung, sondern weil sie die Basis ist, aus der jenes leisere Lied sich auslöst und in deren Schooß es endlich schöner zurückfällt.

XXXIV. Die stilisierte, also unrealistische Darstellung halte ich in diesem Fall nur für einen Übergang; denn auf der Bühne wird immer diejenige Kunst am willkommensten sein, welche lebensähnlich und in diesem äußeren Sinne »wahr« ist. Aber dieses gerade ist der Weg zu einer selbst sich vertiefenden, innerlichen Wahrheit: die primitiven Elemente zu erkennen und zu verwenden. Hinter einer ernsten Erfahrung wird man die begriffenen Grundmotive freier und eigenwilliger brauchen lernen und damit auch wieder dem realistischen, dem zeitlich Wirklichen näher kommen. Es wird aber nicht dasselbe sein wie vorher.

XXXV. Diese Bemühungen erscheinen mir notwendig, weil sonst die Erkenntnis der feineren Gefühle die eine lange und ernste Arbeit sich errang, im Lärm der Bühne ewig verloren gehen »würde«. Und das ist schade. Von der Bühne her kann, wenn es tendenzlos und unbetont geschieht, das neue Leben verkündet, das heißt auch denen vermittelt werden, die nicht aus eigenem Drang und eigener Kraft seine Gebärden lernen. Sie sollen nicht bekehrt werden von der Szene her. Aber sie 423 sollen wenigstens erfahren: das giebt es in unserer Zeit, eng neben uns. Das ist schon Glückes genug.

XXXVI. Denn es ist fast von der Bedeutung einer Religion, dieses Einsehen: daß man, sobald man einmal die Melodie des Hintergrundes gefunden hat, nicht mehr ratlos ist in seinen Worten und dunkel in seinen Entschlüssen. Es ist eine sorglose Sicherheit in der einfachen Überzeugung, Teil einer Melodie zu sein, also einen bestimmten Raum zu Recht zu besitzen und eine bestimmte Pflicht an einem breiten Werke zu haben, in dem der Geringste ebensoviel wertet wie der Größte. Nicht überzählig zu sein, ist die erste Bedingung der bewußten und ruhigen Entfaltung.

XXXVII. Aller Zwiespalt und Irrtum kommt davon her, daß die Menschen das Gemeinsame *in* sich, statt in den Dingen *hinter* sich, im Licht, in der Landschaft im Beginn und im Tode, suchen. Sie verlieren dadurch sich selbst und gewinnen nichts dafür. Sie vermischen sich, weil sie sich doch nicht vereinen können. Sie halten sich aneinander und können doch nicht sicheren Fuß fassen, weil sie beide schwankend und schwach sind; und in diesem gegenseitigen Sichstützen-wollen geben sie ihre ganze Stärke aus, so daß nach außen hin auch nicht die Ahnung eines Wellenschlages fühlbar wird.

XXXVIII. Jedes Gemeinsame setzt aber eine Reihe unterschiedener einsamer Wesen voraus. Vor ihnen war es einfach ein Ganzes ohne 424 jegliche Beziehung, so vor sich hin. Es war weder arm noch reich. Mit dem Augenblick, wo verschiedene seiner Teile der mütterlichen Einheit entfremden, tritt es in Gegensatz zu ihnen; denn sie entwickeln sich von ihm fort. Aber es läßt sie doch nicht aus der Hand. Wenn die Wurzel auch nicht von den Früchten weiß, sie nährt sie doch.

XXXIX. Und wie Früchte sind wir. Hoch hangen wir in seltsam verschlungenen Asten und viele Winde geschehen uns. Was wir besitzen, das ist unsere Reife und Süße und Schönheit. Aber die Kraft dazu strömt in *einem* Stamm aus einer über Welten hin weit gewordenen Wurzel in uns Alle. Und wenn wir für ihre Macht zeugen wollen, so müssen wir sie jeder brauchen in unserem einsamsten Sinn. Je mehr Einsame, desto feierlicher, ergreifender und mächtiger ist ihre Gemeinsamkeit.

XXXX. Und gerade die Einsamsten haben den größten Anteil an der Gemeinsamkeit. Ich sagte früher, daß der eine mehr, der andere weniger von der breiten Lebensmelodie vernimmt; dem entsprechend fällt ihm auch eine kleinere oder geringere Pflicht in dem großen Orchester zu. Derjenige, welcher die ganze Melodie vernähme, wäre der Einsamste und Gemeinsamste zugleich. Denn er würde hören, was Keiner hört, und doch nur weil er in seiner *Vollendung* begreift, was die anderen dunkel und lückenhaft erlauschen.

Über Kunst

I

Graf Lew Tolstoj hat in seinem letzten vielumfragten Buche »Was ist Kunst?« seiner eigenen Antwort eine lange Reihe von Definitionen aus allen Zeiten vorangestellt. Und von Baumgarten bis Helmholtz, Shaftesbury bis Knight, Cousin bis Sar Peladan ist Raum genug für Extreme und Widersprüche.

Allen diesen Meinungen von Kunst, derjenigen Tolstojs mit eingeschlossen, ist aber Eines gemeinsam: es wird nicht so sehr das Wesen der Kunst betrachtet, vielmehr sind alle bemüht, sie aus ihren Wirkungen zu erklären.

Es ist, als ob man sagte: Die Sonne ist das, welches Früchte reift, Wiesen wärmt und Wäsche trocknet. Man vergißt, daß dieses letztere jeder Ofen vermag.

Wenngleich wir Modernen am weitesten entfernt sind von der Möglichkeit, anderen oder auch nur uns selbst durch Definitionen zu helfen, haben wir doch vielleicht vor den Gelehrten die Unbefangenheit und Aufrichtigkeit und eine leise Erinnerung aus Schaffensstunden voraus, welche unseren Worten in Wärme ersetzt, was ihnen an historischer Würde und Gewissenhaftigkeit fehlt. Die Kunst stellt sich dar als eine Lebensauffassung, wie etwa die Religion und die Wissenschaft und der Sozialismus auch. Sie unterscheidet sich von den anderen

Auflassungen nur dadurch, daß sie nicht aus der Zeit resultiert und gleichsam als die Weltanschauung des letzten Zieles erscheint. In einer graphischen Darstellung, bei welcher die einzelnen Lebensmeinungen 426 als Linien in die ebene Zukunft fortgeführt würden, wäre sie die längste Linie, vielleicht das Stück einer Kreisperipherie, das sich als Gerade darstellt, weil der Radius unendlich ist.

Wenn ihr einmal die Welt unter den Füßen zerbricht, bleibt sie als das Schöpferische unabhängig bestehen und ist die sinnende Möglichkeit neuer Welten und Zeiten.

Deshalb ist auch der, welcher sie zu seiner Lebensanschauung macht, der Künstler, der Mensch des letzten Zieles, der jung durch die Jahrhunderte geht, mit keiner Vergangenheit hinter sich. Die anderen kommen und gehen, er dauert. Die anderen haben Gott hinter sich wie eine Erinnerung. Dem Schaffenden ist Gott die letzte, tiefste Erfüllung. Und wenn die Frommen sagen: »Er ist«, und die Traurigen fühlen »Er war«, so lächelt der Künstler: »Er wird sein«. Und sein Glauben ist mehr als Glauben; denn er selbst baut an diesem Gott. Mit jedem Schauen, mit jedem Erkennen, in jeder seiner leisen Freuden fügt er ihm eine Macht und einen Namen zu, damit der Gott endlich in einem späten Urenkel sich vollende, mit allen Mächten und allen Namen geschmückt.

Das ist die Pflicht des Künstlers.

Weil er sie aber als Einsamer mitten im Heute wirkt, so stoßen seine Hände da und dort an die Zeit. Nicht, daß sie das Feindliche wäre. Aber sie ist das Zögernde, Zweifelnde, Mißtrauische. Sie ist der Widerstand. Und erst aus diesem Zwiespalt zwischen der gegenwärtigen 427 Strömung und der zeitfremden Lebensmeinung des Künstlers entsteht eine Reihe kleiner Befreiungen, wird des Künstlers sichtbare Tat: das Kunstwerk. Nicht aus seiner naiven Neigung heraus. Es ist immer eine Antwort auf ein Heute.

Das Kunstwerk möchte man also erklären: als ein tiefinneres Geständnis, das unter dem Vorwand einer Erinnerung, einer Erfahrung oder eines Ereignisses sich ausgibt und, losgelöst von seinem Urheber, allein bestehen kann.

Diese Selbständigkeit des Kunstwerkes ist die Schönheit. Mit jedem Kunstwerke kommt ein Neues, ein Ding mehr in die Welt.

Man wird finden, daß in dieser Definition alles Raum hat: von den gotischen Domen des Jehan de Beauce bis zu einem Möbel des jungen van der Velde. –

Die Kunsterklärungen, welche die *Wirkung* zur Grundlage nehmen, umfassen viel mehr. Sie müssen in ihren Konsequenzen auch notwendig den Fehler begehen, statt von der Schönheit vom Geschmack, das heißt statt von Gott vom Gebete zu reden. Und so werden sie ungläubig und verwirren sich immer mehr.

Wir müssen es aussprechen, daß das Wesen der Schönheit nicht im Wirken liegt, sondern im Sein. Es müßten sonst Blumenausstellungen und Parkanlagen schöner sein als ein wilder Garten, der vor sich hin-
blüht irgendwo und von dem Keiner weiß.

428

[II]

Wenn ich die Kunst als eine Lebensanschauung bezeichne, meine ich damit nichts Ersonnenes. Lebensanschauung will hier aufgefaßt sein in dem Sinne: Art zu sein. Also kein Sich-Beherrschen und – Beschrän-ken um bestimmter Zwecke willen, sondern ein sorgloses Sich-Loslassen, im Vertrauen auf ein sicheres Ziel. Keine Vorsicht, sondern eine weise Blindheit, die ohne Furcht einem geliebten Führer folgt. Kein Erwerben eines stillen, langsam wachsenden Besitzes, sondern ein fortwährendes Vergeuden aller wandelbaren Werte. Man erkennt: diese Art zu sein hat etwas Naives und Unwillkürliches und ähnelt jener Zeit des Unbe-wußten an, deren bestes Merkmal ein freudiges Vertrauen ist: der Kindheit. Die Kindheit ist das Reich der großen Gerechtigkeit und der tiefen Liebe. Kein Ding ist wichtiger als ein anderes in den Händen des Kindes. Es spielt mit einer goldenen Brosche oder mit einer weißen Wiesenblume. Es wird in der Ermüdung beide gleich achtlos fallen lassen und vergessen, wie beide ihm gleich glänzend schienen in dem Lichte seiner Freude. Es hat nicht die Angst des Verlustes. Die Welt ist ihm noch die schöne Schale, darin nichts verloren geht. Und es empfindet als sein Eigentum Alles, was es einmal gesehen, gefühlt oder gehört hat. Alles, was ihm einmal begegnet ist. Er zwingt die Dinge nicht, sich anzusiedeln. Eine Schar dunkler Nomaden wandern sie durch seine heiligen Hände wie durch ein Triumphtor. Werden eine
Weile licht in seiner Liebe und verdämmern wieder dahinter; aber sie müssen Alle durch diese Liebe durch. Und was einmal in der Liebe

429

aufleuchtete, das bleibt darin im Bilde und läßt sich nie mehr verlieren. Und das Bild ist Besitz. Darum sind Kinder so reich.

Ihr Reichtum ist freilich rohes Gold, nicht übliche Münze. Und er scheint immer mehr an Wert einzubüßen, je mehr Macht die Erziehung gewinnt, die die ersten unwillkürlichen und ganz individuellen Eindrücke durch überkommene und historisch entwickelte Begriffe ersetzt und die Dinge, der Tradition gemäß, zu wertvollen und unbedeutenden, erstrebenswerten und gleichgiltigen stempelt. Das ist die Zeit der Entscheidung. Entweder es bleibt jene Fülle der Bilder unberührt hinter dem Eindrängen der neuen Erkenntnisse, oder die alte Liebe versinkt wie eine sterbende Stadt in dem Aschenregen dieser unerwarteten Vulkane. Entweder das Neue wird der Wall, der ein Stück Kindsein umschirmt, oder es wird die Flut, die es rücksichtslos vernichtet. Das heißt das Kind wird entweder älter und verständiger im bürgerlichen Sinn, als Keim eines brauchbaren Staatsbürgers, es tritt in den Orden *seiner* Zeit ein und empfängt ihre Weihen, oder es reift einfach ruhig weiter von tiefinnen, aus seinem eigensten Kindsein heraus, und das bedeutet, es wird Mensch im Geiste *aller* Zeiten: Künstler.

In diesen Tiefen und nicht in den Tagen und Erfahrungen der Schule verbreiten sich die Wurzeln des wahren Künstlertums. Sie wohnen in dieser wärmeren Erde, in der niegestörten Stille dunkler Entwicklungen, die nichts wissen von dem Maß der Zeit. Möglich, daß andere Stämme, die aus der Erziehung, aus dem kühleren, von den Veränderungen der Oberfläche beeinflußten Boden ihre Kräfte heben, höher in den Himmel wachsen als so ein tiefgründiger Künstlerbaum. Dieser streckt nicht seine vergänglichen Äste, durch welche die Herbste und Frühlinge ziehen, zu Gott, dem Ewigfremden, hin; er breitet ruhig seine Wurzeln aus, und sie umrahmen den Gott, der hinter den Dingen ist, dort, wo es ganz warm und dunkel wird.

Darum, weil die Künstler viel weiter in die Wärme alles Werdens hinabreichen, steigen *andere* Säfte in ihnen zu den Früchten auf. Sie sind der weitere Kreislauf, in dessen Bahn immer neue Wesen sich einfügen. Sie sind die Einzigen, die Geständnisse tun können, wo die Anderen verhüllte Fragen haben. Niemand kann die Grenzen ihres Seins erkennen.

Den unmeßbaren Brunnen möchte man sie vergleichen. Da stehen die Zeiten an ihrem Rand und werfen ihr Urteil und Wissen wie Steine in die unerforschte Tiefe und lauschen. Die Steine fallen immer noch seit Jahrtausenden. Keine Zeit hat noch den Grund gehört.

[III]

Die Geschichte ist das Verzeichnis der Zufrühgekommenen. Da wacht immer wieder Einer in der Menge auf, der in ihr keine Ursache hat und dessen Erscheinen sich in breiteren Gesetzen begründet. Er bringt fremde Gebräuche mit und fordert Raum für unbescheidene Gebärden. So wachst eine Gewaltsamkeit aus ihm und ein Wille, der über Furcht und Ehrfurcht wie über Steine schreitet. Rücksichtslos redet Zukünftiges durch ihn; und seine Zeit weiß nicht, wie sie ihn werten soll, und in diesem Zögern versäumt sie ihn. Er geht an ihrer Unentschlossenheit zu Grunde. Er stirbt wie ein verlassener Feldherr oder wie ein voreiliger Frühlingstag, dessen Drängen die träge Erde nicht begreift. Aber Jahrhunderte später, wenn man seine Standbilder schon nicht mehr bekränzt und sein Grab vergessen ist und irgendwo grünt, – dann wacht er wieder auf und geht näher und als Zeitgenosse durch den Geist seiner Enkel.

So haben wir schon Viele wiedererlebt; Fürsten und Philosophen, Kanzler und Könige, Mütter und Märtyrer, denen ihre Zeit Wahn und Widerstand war, leben leiser neben uns und reichen uns lächelnd ihre alten Gedanken, die nun keinem mehr laut und lästerlich sind. Sie gehen neben uns zu Ende, beschließen müde ihre Unsterblichkeit, setzen uns zu Erben ihres Ewigen ein und haben den täglichen Tod. Dann haben ihre Denkmäler keine Seele mehr, ihre Historie ist überflüssig geworden, weil wir ihr Wesen wie ein eigenes Erlebnis besitzen. So sind die Vergangenheiten wie Gerüste, die zusammenbrechen vor dem fertigen Bau; aber wir wissen, daß jede Vollendung wieder Gerüst wird und daß, von hundert Stürzen verhüllt, das letzte Gebäude ersteht, das Turm und Tempel sein wird und Haus und Heimat.

Einst, wenn dieses Monument sich bekrönt, wird die Reihe an die Künstler kommen – Zeitgenossen jener Vollender zu sein. Denn sie sind als die Allerzukünftigsten durch die Tage gegangen, und wir haben noch nicht den Geringsten von ihnen wie einen Bruder erkannt. Sie kommen uns vielleicht mit ihrer Gesinnung nah, sie rühren uns mit irgend einem Werke an, sie neigen sich uns, und wir begreifen einen Blitz lang ihr Bild; – allein wir können sie im Heut nicht leben und nicht sterben denken. Und eher werden uns die Hände mächtig, Berge und Bäume zu heben, als einem von diesen Toten die Augen zu schließen, die schauenden.

Und selbst die Schaffenden unserer Zeit können jene Großen, deren Heimat erst sein wird, nicht zu Gäste laden; denn sie sind selber nicht zu Hause und sind Wartende und einsame künftige und ungeduldige Einsame. Und ihr geflügeltes Herz stößt überall an die Mauern der Zeit. Und wenn sie gleich Weise sind, die ihre Zelle lieb gewinnen und das Stückchen Himmel, das in ihrem Fenstergitter wie im Netz gefangen liegt, und die eine Schwalbe, die ihr Nest, Vertrauens voll, über ihre Traurigkeit gehängt hat, – so sind sie doch auch Sehnsüchtige, die nicht immer bei gefalteten Tüchern und gehäuften Truhen warten wollen. Oft drängt es sie, die Gewebe auszubreiten, daß die unterbrochenen Bilder und Farben, die der Weber ersann, Sinn erhielten vor ihren Blicken und Zusammenhang, und sie wollen Gefäße und Gold, das ihnen die Laden füllt, aus dem dunklen Besitzen heben in den klaren Gebrauch. 433

Aber sie sind Zufrühgekommene. Und was sich ihnen nicht löst im Leben, das wird ihr Werk. Und sie stellen es brüderlich neben die dauernden Dinge, und die Trauer des Nichterlebten ist die geheimnisvolle Schönheit über ihm. Und diese Schönheit weiht ihnen Söhne und Erben. Und so hält sich, am Schaffen entlang, ein Geschlecht Nochnichtlebender und harrt seiner Zeit.

Und der Künstler ist immer noch dieser: ein Tänzer, dessen Bewegung sich bricht an dem Zwang seiner Zelle. Was in seinen Schritten und dem beschrankten Schwung seiner Arme nicht Raum hat, kommt in der Ermattung von seinen Lippen, oder er muß die noch ungelebten Linien seines Leibes mit wunden Fingern in die Wände ritzen. 435

Der Wert des Monologes

Kürzlich ging die Frage durch diese Blätter: Sind Monologe im modernen Drama statthaft oder nicht? Die Monologe bekamen Recht.

Vielleicht ist es nicht wertlos, einmal nicht so sehr den Monolog, als vielmehr die Gelegenheit zu betrachten, bei welcher er notwendig erscheint.

Der Monolog geschieht im Augenblick der Unentschlossenheit oder Hilflosigkeit der handelnden Person, gleichsam am Vorabend einer Tat, und hat die Pflicht, die innersten Konflikte dieses Menschen, seine Seele mit Zweifel und Zorn, Sehnsucht und Hoffnung zu enthüllen. Im Zwiegespräch ist nämlich kein Raum dafür und irgendwo muß es doch geschehen, das sieht jeder ein. Und welches wunderbare Mittel vermag diese heimlichsten Tiefen, in denen die Entschlüsse wurzeln, zu durchleuchten? Merkwürdig das Wort. Ebendasselbe Wort, welches im Dialog sich unbrauchbar erweist, das Letzte zu umfassen, wird, sobald es sich an niemanden mehr wenden muß, aller Wahrheit mächtig. Derjenige, von dem wir wissen, daß er die äußere Lage nicht überschauen kann, schildert uns im Augenblick seines Zwiespaltes die wunderbare Ordnung seiner Seele so überzeugend, daß die Schilderung und nicht irgend eine spätere Tat die Hauptsache des Dramas wird, das heißt das epische Moment bedeutet fortab mehr als die Handlung; in ihm liegt die Entscheidung, die Wendung, der Fortschritt.

Und das ist vollkommen berechtigt, wenn anders der Monolog wirklich imstande ist, jene geheimnisvollen Dämmerungen aufzudecken, in denen alle Entschlüsse noch wie kleine, klare Quellen sind. Aber man wird einmal aufhören müssen, »das Wort« zu überschätzen. Man wird einsehen lernen, daß es nur eine von den vielen Brücken ist, die das Eiland unserer Seele mit dem großen Kontinent des gemeinsamen Lebens verbinden, die breiteste vielleicht, aber keineswegs die feinste. Man wird fühlen, daß wir in Worten nie ganz aufrichtig sein können, weil sie viel zu grobe Zangen sind, welche an die zartesten Räder in dem großen Werke gar nicht rühren können, ohne sie nicht gleich zu zerdrücken. Man wird es deshalb aufgeben, von den Worten Aufschlüsse über die Seele zu erwarten, weil man es nicht liebt, bei seinem Knecht in die Schule zu gellen, um Gott zu erkennen.

Man wird das vielleicht im Drama früher einsehen, als im Leben; denn das Drama ist konzentrierter, übersichtlicher, eine Art Experiment, bei welchem die Elemente des Lebens in kleinen Probiergläsern sich in ähnlichen Verhältnissen vereinen, wie sie sich draußen verhalten in ihrer reichen Unermeßlichkeit. In den Grenzen des Rahmens als welcher die Bühne sich darstellt, scheint alles Raum zu haben: keine Tat ist zu groß dafür, kein Wort zu bedeutend.

Aber es giebt Mächtigeres als Taten und Worte. Diese sind endlich nur das, womit wir teilnehmen an dem gemeinsamen Alltag, Leitern, welche aus unserem Fenster bis an das Haus des Nachbars reichen. Wir hätten sie kaum gebraucht, wenn wir Einsame geblieben wären, jeder auf einem Stern, und wir brauchen sie in der Tat nicht in den Augenblicken, da wir uns so einsam fühlen. Dann sind wir eines leiseren Erlebens voll, heimgekehrt in ein Land mit heiligen, heimlichen Gebräuchen, schöpferisch in aller Untätigkeit und den Worten entwachsen. Und es ist gewiß, daß solcher Art unser eigentliches Leben ist, das wie eine feine Begleitung über unserm Tun und Ruhen bleibt und uns in unsern letzten Entschlüssen lenkt und bestimmt.

Diesem Leben Raum und Recht (und das heißt auf der Bühne: Ausdruck) zu schaffen, scheint mir die vorzügliche Aufgabe des modernen Dramas zu sein – und dieser schlägt der Monolog mit seiner naiven Plumpheit geradezu ins Gesicht. Er zwingt das, was *über* den Dingen 436 ist, in die Dinge hinein und vergißt, daß der Duft eben nur besteht, weil er sich von der Rose befreit und allen Winden willig ist.

Fragt man nun, was an seine Stelle treten soll, so behaupte ich, daß er im Drama überhaupt keine Lücke läßt; denn das tiefere Leben, das zu beleuchten er berufen wäre, muß allezeit ebenso geschlossen und ununterbrochen sich entwickeln wie die »äußere Handlung«, deren Ursache es schließlich ist. Wenn dieses Nebeneinander zweier Handlungen wirklich zur Geltung kommt, sind keine Verzögerungen durch retrospektive, epische Beschreibung des momentanen Seelenzustandes, keine Durchblicke in den Hintergrund mehr notwendig.

Freilich: wie das erreicht werden soll, hat keiner der »Modernen« gezeigt. Sie vermissen alle den Monolog, lassen ihn fort, statt ihn überflüssig zu machen, und dann fehlt er natürlich, und man weiß, »wo er kommen sollte«. Der Darsteller wird unruhig, raucht, trommelt an die Scheiben und scheint ein sehr schlechtes Gewissen zu haben und um Vergebung zu bitten für seine Schweigsamkeit. Das ist allerdings kein Fortschritt.

Der Eine aber, welcher die Macht dieses leisen Erlebens, klarer als die vor ihm und bewußter, erkannt hat, – Maeterlinck, steht seinen Offenbarungen zu sehr als Priester gegenüber denn als Künstler und erscheint einseitig in dem Streben, Alles zum Ruhm des Gottes zu tun, der ihn erfüllt und erhebt.

Seine Gestalten haben die Schwere verloren. Sie sind wie Gestirne, 437 die, umhüllt von ihrer leuchtenden Einsamkeit, sich hoch in der Nacht begegnen. Sie können nur aneinander vorübergehen, und keine vermag die andere zu halten. Sie sind Düfte, allein man sieht den Garten nicht, aus dem sie aufsteigen. Das macht, daß das Leben, dessen Verkünder Maeterlinck wurde, uns fremd erscheint und seine Mystik tiefer und rätselhafter hinter den Dingen aufgeht, die ihm nicht so körperlich und undurchsichtig sind, wie uns. Immerhin scheinen mir die Dramen des genialen Belgiers um einen technischen Ausdruck von der Radierkunst zu nehmen, der »erste Zustand« des neuen Dramenbildes zu sein, der noch durch andere Platten vervollständigt werden muß.

Der Weg geht also über Maeterlinck hinaus, und er wird ungefähr dieses Ziel haben: man wird lernen müssen, nicht die ganze Bühne mit Worten und Gesten auszufüllen, sondern ein wenig Raum darüber lassen, so als ob die Gestalten, welche man schuf, noch wachsen sollten. Ich bin überzeugt, das andere kommt von selbst: das leisere Leben wird sich wie eine Wärme, wie ein Glanz darüberbreiten und wird ruhig und licht über allem bleiben: über den Worten und über den Vorgängen, – nur Raum muß man ihm geben.

Dabei steht immer noch die Frage frei, *wie* das geschehen soll? Doch man kann sie erst beantworten, bis es Einer getroffen hat – unwillkürlich.

Bis dahin hat der Monolog Recht. Er ist wie ein schöner kostbarer Vorhang (bestenfalls) vor den weiten, klaren Perspektiven aufgehängt. Man kann auch an einem Vorhang seine Freude haben. Und die Dichter und die Schauspieler und das Publikum von gestern finden sich gewiß in der Erkenntnis seiner Schönheit und seines Wertes.

Das dahinter ist für die, welche schon weiter vorgeschritten sind.

Noch ein Wort über den »Wert des Monologes«

Offener Brief an Rudolf Steiner

Sehr verehrter Herr Doktor,

Ihre Bemerkungen zu »Der Wert des Monologes« sind treffend. Sie beschäftigen mich. Gewahren Sie mir noch ein paar Worte eng zur Sache:

Es scheint in der Tat, als ob ich dem »Worte« arg unrecht getan hätte. Man darf nicht vergessen ich habe nicht an jene einsamen Worte gedacht, in welche gehüllt, große Vergangenheiten unter uns leben wie Zeitgenossen. Das Wort des Verkehrs, das kleine, tägliche, bewegliche, habe ich beobachtet, das im Leben wirkt oder doch zu wirken scheint und also auch auf der Bühne die Entwickelung der Ereignisse hemmt und fördert. An dieses Wort denke ich, wenn ich behaupte, die Seele hätte nicht Raum in ihm. Ja es scheint mir geradezu, als wären Worte solcher Art vor den Menschen wie Mauern; und ein falsches, verlorenes Geschlecht verkümmerte langsam in ihrem schweren Schatten. Denken Sie an das Kind, welches sich eines Vergehens schuldig weiß; wird es schweigen? Ungefragt wird es viele, viele hohe Worte vor seine kleine, bange, frierende Seele stellen, um ihre Schande zu verdecken. Und das endliche Geständnis ist: ein Tränenstrom. Beobachten Sie zwei Menschen, die sich, jeder tief in Gedanken, auf einem einsamen Spaziergange begegnen. Wie sie rasch mit bereiten Worten ihre nackte Seele, die noch eine Weile in ihren Augen zögert, verdecken und schützen. Gedenken Sie der Liebenden, die sich in den Tagen des Findens mit Worten voneinanderdrängen, ehe sie sich erkennen im ersten Schweigsamsein. Frage jeder sich selbst, ob auf den Höhepunkten seines Lebens Worte stehen? Ist es mit den Worten nicht vielmehr wie mit der Vegetation, die hinter der großen Pracht des Tals immer ernster, schlichter und feierlicher wird, je höher man steigt, bis das zaghafte Zwergholz zurückbleibt, das die reinen festlichen Firnen nicht zu betreten wagt? –

439

Jedes Wort ist eine Frage, und das, welches sich als Antwort fühlt, erst recht. Und in diesem Sinn ist Ihre Bemerkung richtig, daß die Worte, unvermögend Offenbarungen zu geben, vieles ahnen lassen. Es steht also bei jedem, ein Wort weit oder eng, reich oder armselig zu fühlen; und das ist gut: »Du gleichst dem Geist, den du begreifst«.

Aber ist damit von der Bühne her, einer vielsinnigen Menge gegenüber etwas, oder sagen wir gleich – das, worauf es ankommt, nämlich die einheitliche Wirkung erreicht? – Und dann mit dem »Ahnen« überhaupt: war das nicht eine arme und verlassene Welt, welche Gott *ahnte* hinter den Dingen? War das nicht ein müßiger Gott, ein Gott mit den Händen im Schooß, der so genügsam war, sich *ahnen* zu lassen? Heißt es nicht vielmehr ihn finden, ihn erkennen, ihn tief in sich selbst schaffend, wie mitten in der Werkstatt überraschen, um ihn zu besitzen?

440

So glaube ich auch, daß wir uns nicht begnügen dürfen, das hinter den Worten zu ahnen. Es muß uns irgendwann sich offenbaren. Und in der Tat: Wer erinnert sich nicht der Augenblicke, da ihm die ganz armen, abgenützten Worte von geliebten Lippen wie niederührt und zum erstenmal und strahlend vor Jugend entgegenkamen? Jemand sagt: »Das Licht«; und es ist, als ob er sagte: »zehntausend Sonnen«; er sagt: »der Tag« und du hörst: »die Ewigkeit«. Und du weißt auf einmal: Seine Seele hat gesprochen; nicht aus ihm, nicht durch das eine kleine Wort, welches du morgen schon vergessen hast, durch das Licht, durch den Klang vielleicht, durch die Landschaft. Denn wenn eine Seele spricht, ist sie in allem. Sie weckt alle Dinge auf, giebt ihnen Stimmen; und was sie gesteht, ist immer ein ganzes Lied.

Damit hab ich auch verraten, was ich im letzten Aufsatz als Frage und unvollendet verließ. Den Raum über und neben den Worten auf der Bühne will ich für die Dinge im weitesten Sinn. Die Bühne hat mir, um »realistisch« zu sein, nicht eine (die vierte) Wand zu wenig, sondern eher drei Wände zu viel. Raum will ich für das alles, was mit teilnimmt an unseren Tagen und was, von Kindheit auf, an uns rührt und uns bestimmt.

Es hat ebensoviel Anteil an uns als die Worte. Als ob im Personenverzeichnis stünde: ein Schrank, ein Glas, ein Klang und das viele Feinere und Leisere auch. Im Leben hat alles denselben Wert, und ein Ding ist nicht schlechter als ein Wort oder ein Duft oder ein Traum. Diese Gerechtigkeit muß auch auf der Bühne nach und nach Gesetz werden.

Mag sein, daß das Leben eine Weile lang in den Worten treibt wie der Fluß im Bett; wo es frei und mächtig wird, breitet es sich aus über alles; und keiner kann seine Ufer schauen.

Ich stelle Ihnen, verehrter Herr Doktor, anheim, ob Sie etwas von diesen Erörterungen für Ihr gesch. Blatt verwenden. Jedenfalls danke ich Ihnen für die Anregung, die mir Ihre Notiz vermittelte, und halte mich für verpflichtet, Ihnen die Frucht derselben hiermit zu überreichen.

In besonderer Wertschätzung

Ihr ganz ergebener Rainer Maria Rilke.

Hermann Hesse, Eine Stunde hinter Mitternacht

Es verlohnt sich wohl, von einem Buche zu reden, welches fürchtig ist und fromm von einer dunklen betenden Stimme; denn die Kunst ist nicht ferne von diesem Buche. Der Anfang der Kunst ist Frömmigkeit: Frömmigkeit gegen sich selbst, gegen jedes Erleben, gegen alle Dinge, gegen ein großes Vorbild und die eigene ungeprobte Kraft. Hinter der ersten Hoffart unseres Herzens beginnt jenes große Belagertsein von Gott, welches damit endet, daß wir mit hundert Toren aufgehen vor dem dunklen Ring seiner Macht. Da hebt unser Leben an: das neue Leben, die *vita nuova*.

In diesem Gefühl entstand Hermann Hesses Buch. Seine Worte knien. Es ist ein erster Dank an die heiligen Erhöher eines jungen sehnsüchtigen Lebens: an Dante und an eine Frau, welche, Beatricen vergleichbar, in das Schicksal eines Jünglings stieg und rief und ging. In diesem Buche folgt er ihr in doppeltem Sinne nach: Er sucht hinter der Vergangenen her auf dem wilden verworrenen Wege, den die sentimentalen Dichter beschrieben haben; und unsere Mütter wurden als Mädchen traurig davon. In dem einen Stück des Buches (es heißt »Frau Gertrud«) weiß er den anderen Weg zu finden und das Rührendere zu sagen: daß diese ganze große heilige Liebe nur ein erstes Erlebnis war, das seine Sinne zusammenfaßte aus ihrem Zerstreutsein und seine Möglichkeiten vertausendfachte und seine Leiden persönlich und eigentümlich färbte und ihn unterschied von dem Alltäglichen und von dem Zufall. Er erkennt, daß seine Seele sich sehnte, von den weißen Händen, die sie trugen, hinaufgeworfen zu werden in das steigende Licht, damit sie allein in ihren jungen Flügeln hänge über der rauschenden Welt. Alle Geschehnisse und Wunder, die ihm im Raume verloren gingen bislang, vereinen sich ihm in der schönen Gestalt der vergangenen Geliebten und schenken sich ihm durch sie. Und er preist ihr Vergangensein; denn mit ihm beginnt ihre ruhigere Gegenwart. Und es wird eine Zeit kommen (fühlt man), wo er sie nicht mehr unterscheiden wird von jenen leisen Gefühlen seines Wesens, mit denen er zuerst sie pries. Einmal wird er ahnen, daß seine jünglinghafte unbewußte Seele der See war, darin sie badend ertrank, und daß er damals über ihrer verlorenen Gestalt die ersten Ringe zog, die weit und wachsend bis ans Ufer reiften.

466

Für »Frau Gertrud«, das seltsame Gedicht, darin diese neue Nachfolge sich offenbart, paßt die feierliche Art des Ausdrucks. Die Worte sind wie aus Metall gemacht und lesen sich langsam und schwer. Die vielen Bilder vereinfachen hier den Stil. Für die anderen Teile des Buches erscheint er nicht in gleichem Maße unwillkürlich. Er hängt nicht genug mit dem Stoff zusammen und seine Schönheiten verschmelzen nicht mit ihm: dadurch kommt viel Abstraktes in das Buch. Es ist eine gewisse Sonntagssprache darin, und der Autor scheint noch wenig Sonntage gefühlt zu haben: zu neu und unbenützt erweist sich manches Wort. Dennoch ist das Buch sehr unliterarisch. An seinen besten Stellen

ist es notwendig und eigenartig. Seine Ehrfurcht ist aufrichtig und tief. Seine Liebe ist groß und alle Gefühle darin sind fromm: es steht am Rande der Kunst. Und darum hat die Ausstattung auch Recht, deren

Festlichkeit über dem ganzen Buche breit wurde.

Friedrich Huch, Peter Michel

Zweite Besprechung

Wenn man die Romane, die in den letzten drei oder vier Jahren erschienen sind, heute vorurteilslos betrachtet, so erscheinen die besten unter ihnen als Vorläufer und Verkünder irgend eines kommenden Werkes. Sie sind alle einseitig, sowohl die realistischen wie die romantischen und diejenigen, welche man die psychologischen genannt hat, und gerade diese Einseitigkeit macht sie interessant und lesenswert, diese bewußte, mehr oder minder geistvolle Übertreibung nach einer Seite hin, nach einer bestimmten neuen Seite hin, von der man jetzt mehr zu wissen glaubte oder mehr wußte als früher, in der Zeit größerer Dichter. Zu einem einheitlichen, zusammenfassenden Kunstwerk schien alles zu fehlen: die Kraft, die Zeit und die Unbefangenheit. Und nun ist dieses Kunstwerk, dessen Erscheinen auch die Optimisten unter den ernsteren Kritikern in unbestimmte Zukunft verlegten, da, ist unter uns, und je der kann es befühlen und sehen, daß es wirklich und am nächsten Morgen nicht verschwunden ist, sondern an dem Platze liegt, wo er es verließ, als er sich in tiefster Nacht schwer und in seltsamer Erregung davon trennte. Ich glaube nicht, daß dieses Buch an einem von denen, die es in die Hand nehmen, spurlos vorüber geht. Es redet jeden an, obwohl es sich an keinen wendet, und läßt keinen mehr los, obwohl es ihn gleichsam nur mit dem kleinen Finger halt, mit irgend einem einfachen Satz, mit irgend einer Unaussprechlichkeit, die ausgesprochen ist, mit irgend einer Überraschung, die so selbstverständlich vor sich geht wie alles in diesem Buche, in dem nur Selbstverständliches geschieht. Wie Zufälle stehen die Ereignisse neben einander und die Menschen gehen durch sie durch, selbst wie Zufälle, von einander getrennt, wie eben ein Zufall vom anderen getrennt ist, allein, wie Kinder allein sind unter Erwachsenen, traurig wie Träumer und empfindlich wie Schlaflose, – und das Leben, das Leben rinnt ihnen durch die Finger wie Sand und wächst wie ein Sandberg vor ihnen auf, immer höher und höher, bis sie schließlich dahinter verloren gehen. Von solcher Art ist die Tragik dieses Buches, die mir mehr zu sein scheint als die Tragik einer bestimmten Zeit, während das viele Komische, von dem das Buch erfüllt ist, an der Zeit zu hängen und aus ihren Kleinheiten aufzuwachsen scheint. Denn es ist viel Anlaß zum Lachen und viel Grund zum Weinen und zum Nachdenken in diesem Buch, wie im Leben zu alledem täglich Anlässe sind; nur werden sie uns durch diesen Roman so gebieterisch auferlegt, daß wir sie ausnützen müssen, während sie im Leben an unserer Trägheit oder Zerstreutheit so oft vorübergehen. Das Buch heißt »Peter Michael«. In seinen ersten elf Kapiteln erfahren wir die Geschichte Peters von seiner Kindheit bis zu seiner Verheiratung. Das zwölfte und letzte Kapitel zeigt uns Peter zu einer Zeit, wo er von sich selbst, von dem Peter der elf Kapitel, nur sehr wenig mehr weiß: er hat zwei Kinder und Ernestine Treuthaler ist eine brave Hausfrau. Der Sandberg vor ihm ist ganz groß geworden, so groß, daß er nicht mehr darüber weg sehen kann; aber vorher, in dem größeren Teil des Buches, sehen wir diesen Zufall Peter als die Ursache von glücklichen und unglücklichen Stunden, als einen Anlaß zu manchen Veränderungen sich auf dem kleinen Stück Welt bewegen, das er in Aufregung bringt und beschwichtigt und das auf ihn zurückwirkt, wie Masse auf Masse wirkt, mit seinen tausend Gesetzen und Zufälligkeiten und mit seinen Menschen, die alt werden und eingehen und sich bescheiden. Und obwohl allen Gestalten dieses Buches gemeinsam ist, daß sie alt werden und eingehen und sich bescheiden, ist doch gar nichts Einseitiges in diesem Buch; im Gegenteil: wollte man das Bezeichnende seiner Art in Kürze feststellen, so müßte man sich entschließen, zu sagen, daß Alles in diesem Buch ist von der Katastrophe bis zum Aperçu und von der breiten Komik, die absichtlich banal und derb wirkt, bis zu jenen feinsten und leisesten Ereignissen, Freuden und Enttäuschungen, Entfremdenden und Harmonien, bei deren Eintreten die Sprache machtlos bleibt und der Zeiger der Worte keinen Ausschlagswinkel mehr aufweist. Ich habe nie für möglich gehalten, daß Dinge, Stimmungen. Übergänge, wie dieses Buch sie in reicher Menge enthält, ausdrückbar sind, es sei denn, daß man das schwer ausdrückbare Motiv zur Hauptsache macht, eine Skizze, eine Novelle, ein Gedicht dafür schreibt, also einen ganzen Apparat von Hilfsmitteln in Bewegung setzt, um ihm beizukommen. Davon ist aber hier gar nicht die Rede. Als ob es das Allereinfachste wäre, spricht dieses Buch von ganz leisen Vorgängen, Zusammenhängen und Anklängen in seinen kurzen Sätzen, die lauter Tatsachen zu enthalten scheinen. Auf allem ruht die gleiche Betonung; mit Recht: denn alles ist wichtig in diesem Buch und, trotzdem alles zufällig scheint, voll Gesetzmäßigkeit. Eins hält das andere im Gleichgewicht und die Erregung seiner bewegten Momente scheint über dem Ganzen wirksam zu sein, ebenso wie die Wehmut seiner traurigen Stellen über alle dreihundertfünfzig Seiten sich wie Mondlicht auszugießen scheint. Und da drängt sich denn ungestüm die Frage nach dem Künstler auf, nach dem Zusammenfasser und Ordner und Gesetzgeber. Ich weiß nichts von ihm. Er heißt: Friedrich Huch.

Friedrich Huch, Peter Michel

Dritte Besprechung

Aus dem naturalistischen Roman ist im Laufe der letzten Jahre der psychologische geworden. Es ist leicht zu sagen, wie das kam. Die genaue Betrachtung der Begebenheiten auf ihr Äußeres hin mußte bald an einer Grenze angelangt sein, an dem Punkte, wo sie nicht mehr übertroffen werden konnte. Hingegen mußte der aufmerksame Beobachter der Dinge bald das Bedürfnis fühlen, hinter den Erscheinungen die Zusammen hänge und Übergänge zu entdecken, welche diese er klären und rechtfertigen sollten. Da zeigte es sich aber sofort, daß das ungeheure Gebiet dieser inneren Welt, in welcher alle Ursachen der äußeren zu suchen waren, so neu und vielfältig und unübersehbar war, daß der Einzelne, der es mit der gründlichen Methode, die der Naturalismus gelehrt hat, erforschen wollte, sich, wollte er überhaupt etwas leisten, auf einen kleinen Teil dieses Gebietes beschränken und diesen wie eine Fachwissenschaft erobern mußte.

Der psychologische Roman, der aus solchen Bestrebungen entstand, erwies sich demgemäß immer als die Arbeit eines mehr oder weniger erfahrenen Spezialisten; er war einseitig, und nicht selten wirkte er gerade mit seiner eigensinnigen Einseitigkeit überraschend und blendend, etwa wie auch die Enthüllungen eines Augenarztes auf Leser, die nicht Fachleute sind, unter Umständen blendend wirken können. Indessen, die Verwirrung, die durch diese Schreibweise entstand, wuchs, und wenn dieser also geartete psychologische Roman unter den einen allerhand Schaden gestiftet hat, so haben andere sich bald von ihm gelangweilt abgewandt; es zeigte sich, daß die Seele kein »Fach« ist, das man von verschiedenen Seiten angreifen und studieren konnte, und daß die ganze Richtung, die sich dem Naturalismus gegenüber so sehr viel zugute tat, nichts anderes war, als eben diese naturalistische Anschauungsweise, die nun nicht mehr auf äußere, sondern auf innere seelische Vorgange angewendet wurde.

Diesen Zuständen konnte nur ein Dichter ein Ende machen, der, weniger bewußt und weniger analytisch, Seele und Außenwelt wieder *ungesondert* sah und der, weit davon entfernt, trennen zu wollen, was des einen oder des anderen ist, seine Aufgabe darin fand, diese beiden sich ergänzenden Elemente des Lebens, gerade in ihrem fortwährenden Verflochtensein, möglichst gewissenhaft und einfach darzustellen.

Dieser Dichter, auf den viele gewartet haben, ist erschienen. Er heißt Friedrich Huch, und das Buch, welches bestätigt, daß er der ist, als den ich ihn begrüße, hat er »Peter Michel« genannt. Es ist kürzlich bei Alfred Janßen in Hamburg (wo der Dichter lebt) erschienen. Ich habe es schon an mehreren Stellen angemeldet, und ich möchte es immer wieder tun, denn man kann gar nicht oft und gar nicht eindringlich genug von diesem Buche reden, das einen Fortschritt bedeutet über alles hinaus, was in den letzten Jahren geschrieben worden ist. Worin dieser Fortschritt liegt, das habe ich bereits oben anzudeuten versucht.

Nach den tausend Büchern voll Analyse und Vivisektion, die wir gelesen haben, kommt da endlich ein Werk, das das Leben wieder als Ganzes sieht und zwar nicht nur an seinen Höhepunkten; auch in seinen Einfältigkeiten und Alltagen ist diese Einheit, ist das ganze Leben, und das macht, daß auch diese irgendwie reich und wichtig und rührend werden. Um keinen großen Stoff sind hier die Ereignisse gruppiert, eines löst das andere ab, fast zufällig scheint dies und jenes zusammenzutreffen. Aber dieser Zufall, der das Geschehene beherrscht, ist nichts anderes als ein Gesetz, das nirgends ausgesprochen ist, weil der Dichter fühlte, daß man es nicht aussprechen kann, ohne ihm zugleich Unrecht zu tun. Da ist nichts von einer Überlegenheit des Schriftstellers zu merken. Er giebt sich vielmehr als ein gewissenhafter Chronist, der aufzeichnet, was er sah, der gleichsam mit dem Datum des Tages die Begebenheiten aneinanderreiht, ohne von sich etwas hinzuzufügen, als was von selbst hineinkommt durch die ungewöhnlich sichere Art seines Schauens und die seltene Gabe, das Geschaute einfach und unvergeßlich zu sagen.

Es erübrigte nun, etwas näher auf den Stoff einzugehen. Ich muß es mir versagen; denn dieser Stoff ist an sich weder interessant, noch bedeutend. Er enthält keine Katastrophen, keine spannenden Verwicklungen und keine tödlichen Konflikte, die man mit einem Namen bezeichnen kann. Seine Tragik scheint an allen Stellen gleich stark zu sein; er ist durchdrungen von ihr, wie von dem Blute, das ihn lebendig macht. Man kann sie nirgends fassen, und doch ist sie überall nah unter der Oberfläche und leuchtet da und dort hindurch. Und auch die Darstellung ist so. Man könnte von ihr sagen, daß sie keine Höhepunkte hat, weil sie nur Höhepunkte enthält.

Von der Landschaft

Man weiß so wenig von der Malerei des Altertums; aber es wird nicht zu gewagt sein anzunehmen, daß sie die Menschen sah wie spätere Maler die Landschaft gesehen haben. In den Vasenbildern, diesen unvergeßlichen Erinnerungen aus einer großen Zeichenkunst, ist die Umgebung (Haus oder Straße) nur genannt, gleichsam abgekürzt, nur mit dem Anfangsbuchstaben angegeben, die nackten Menschen aber sind alles, sind wie Bäume, die Früchte tragen und Fruchtkränze, und wie Büsche, die blühen, und wie Frühlinge, in denen die Vögel singen. Damals war der Leib, den man bestellte wie ein Land, um den man sich mühte wie um eine Ernte und den man besaß wie man ein gutes

Grundstück besitzt, das Angeschaute und Schöne, das Bild, durch welches in rhythmischen Reihen alle Bedeutungen gingen, Götter und Tiere, und alle Sinne des Lebens. Der Mensch, obwohl seit Jahrtausenden dauernd, war sich selbst noch zu neu, zu entzückt von sich, um über sich fort oder von sich abzusehen. Die Landschaft, das war der Weg, auf dem er ging, die Bahn, darin er lief, alle die Spiel- und Tanzplätze waren es, auf denen der griechische Tag verging; die Täler, in denen das Heer sich versammelte, die Häfen, aus denen man zu Abenteuern fuhr und in die man unerhörter Erinnerungen voll und älter zurückkehrte; die Festtage und die geschmückten, silbern klingenden Nächte, die ihnen folgten, die Aufzüge zu den Göttern und der Umgang um den Altar –: das war die Landschaft, in der man lebte. Aber der Berg war fremd, auf dem nicht menschengestaltige Götter wohnten, das Vorgebirge, auf dem sich kein weithinsichtbares Standbild erhob, die Hänge, die kein Hirte gefunden hatte, – sie waren keines Wortes wert. Alles war Bühne und leer, solange der Mensch nicht auftrat und mit seines Leibes heiterer oder tragischer Handlung die Szene erfüllte. Ihn erwartete alles und wo er kam, trat alles zurück und gab ihm Raum.

Die christliche Kunst verlor diese Beziehung mit dem Körper, ohne deshalb der Landschaft sich wirklich zu nähern; Menschen und Dinge waren wie Buchstaben in ihr und sie bildete lange, gemalte Sätze mit einem Alphabet von Initialen. Die Menschen waren Gewänder und nur in der Hölle Leiber; und die Landschaft durfte selten die Erde sein. Fast immer mußte sie, wo sie lieblich war, den Himmel bedeuten, und wo sie Schrecken erregte und wild und unwirtlich war, da galt sie als der Ort der Verbannten und für ewig Verlorenen. Man sah sie schon; denn die Menschen waren schmal geworden und durchscheinend, aber es lag in ihrer Art, die Landschaft ebenso zu empfinden, als eine kleine Vergänglichkeit, als einen Streifen von übergrünten Gräbern, unter denen die Hölle hing und über denen der große Himmel sich auftat als die eigentliche, tiefe, von allem Wesen gewollte Wirklichkeit. Nun da es auf einmal drei Orte gab, drei Wohnungen, über welche viel Redens war: Himmel, Erde und Hölle, – war eine Bestimmung der Örtlichkeit dringend notwendig geworden und man mußte sich sie ansehen und sie darstellen; in den frühitalienischen Meistern wuchs diese Darstellung, über ihren eigentlichen Zweck hinaus, zu großer Vollkommenheit, und man muß sich nur der Malereien im Campo santo zu Pisa erinnern, um zu fühlen, daß die landschaftliche Auffassung damals schon etwas Selbständiges geworden war. Man meinte zwar noch einen Ort anzugeben und nichts mehr, aber man tat das mit solcher Herzlichkeit und Hingabe, man erzählte mit so hinreißender Beredsamkeit und so sehr als Liebender von den Dingen, die an der Erde hingen, an der von den Menschen verleugneten und verdächtigten Erde –: daß jene Malerei uns heute wie ein Loblied auf sie erscheint, in welches die Heiligen einstimmen. Und alle Dinge, die man sah, waren neu, so daß mit dem Schauen sich ein fortwährendes Staunen verband und eine Freude an unzähligen Funden. So kam es von selbst, daß man mit der Erde den Himmel pries und sie kennen lernte, da man Sehnsucht war, ihn zu erkennen. Denn die tiefe Frömmigkeit ist wie ein Regen: sie fallt immer wieder auf die Erde zurück, von der sie ausging, und ist Segen über den Feldern.

Man hatte so, ohne es zu wollen, die Wärme gefühlt, das Glück und die Herrlichkeit, die von einer Wiese, einem Bach, einem Blumenhang und von Bäumen, die fruchttragend beieinanderstehen, ausstrahlen kann, daß man, wenn man nun Madonnen malte, sie mit diesem Reichtum wie mit einem Mantel umgab, sie damit krönte wie mit einer Krone und Landschaften wie Fahnen entfaltete, ihnen zum Lobe; denn man wußte ihnen kein Fest zu bereiten, das rauschender war, keine Hingabe kannte man, die dieser glich: alles eben gefundene Schöne ihnen zuzutragen und mit ihnen zu verschmelzen. Man meinte keinen Ort mehr damit, auch den Himmel nicht, man stimmte die Landschaft an wie ein Marienlied, das in hellen, klaren Farben erklang.

Aber damit war eine große Entwicklung geschehen: man malte die Landschaft und meinte doch nicht *sie* damit, sondern sich selbst; sie war Vorwand geworden für ein menschliches Gefühl, Gleichnis einer menschlichen Freude, Einfalt und Frömmigkeit. Sie war Kunst geworden. Und schon Lionardo übernahm sie so. Die Landschaften in seinen Bildern sind Ausdrucke seines tiefsten Erlebens und Wissens, blaue Spiegel, in denen geheime Gesetze sich sinnend betrachten, Fernen, wie Zukünfte groß und unenträtselt wie sie. Es ist kein Zufall darin, daß Lionardo, welcher zuerst Menschen wie Erlebnisse malte, wie Schicksale, durch die er einsam hindurchgegangen war, auch die Landschaft als ein Ausdrucksmittel empfand für fast unsagbare Erfahrung, Tiefe und Traurigkeit. Diesem Überholer von vielen noch nicht Gekommenen war es gegeben, alle Künste unendlich groß zu gebrau-

518

519

chen; wie in vielen Sprachen redete er in ihnen von seinem Leben und von seines Lebens Fortschritten und Fernen.

Noch hat niemand eine Landschaft gemalt, die so ganz Landschaft ist und doch so sehr Geständnis und eigene Stimme wie jene Tiefe hinter der Madonna Lisa. Als ob alles Menschliche in ihrem unendlich stillen Bildnis enthalten sei, alles andere aber, alles was vor dem Menschen liegt und über ihn hinaus, in diesen geheimnisvollen Zusammenhängen von Bergen, Bäumen, Brücken, Himmeln und Wassern. Diese Landschaft ist nicht eines Eindrucks Bild, nicht eines Menschen Meinung über die ruhenden Dinge; sie ist Natur die entstand, Welt die wurde und dem Menschen so fremd wie der niebetretene Wald einer unentdeckten Insel. Und Landschaft so zu schauen als ein Fernes und Fremdes, als ein Entlegenes und Liebloses, das sich ganz in sich vollzieht, war notwendig, wenn sie je einer selbständigen Kunst Mittel und Anlaß sein sollte; denn sie mußte fern sein und sehr anders als wir, um ein erlösendes Gleichnis werden zu können unserem Schicksal. Fast feindlich mußte sie sein in erhabener Gleichgültigkeit, um unserem Dasein eine neue Deutung zu geben mit ihren Dingen.

Und in diesem Sinn ging die Gestaltung jener Landschaftskunst vor sich, die Lionardo da Vinci vorahnend schon besaß. Langsam bildete 520 sie sich aus, in den Händen Von Einsamen, durch die Jahrhunderte hin. Sehr weit war der Weg, der gegangen sein mußte, denn es war schwer, sich der Welt so weit zu entwöhnen um sie nicht länger mit dem voreingenommenen Auge des Einheimischen zu sehen, der alles auf sich selbst und auf seine Bedürfnisse anwendet, wenn er es schaut. Man weiß, wie schlecht man die Dinge sieht, unter denen man lebt, und daß oft erst einer kommen muß von fern, um uns zu sagen was uns umgiebt. Und so mußte man auch die Dinge von sich fortdrängen, damit man später fähig wäre, sich ihnen in gerechterer und ruhiger Weise, mit weniger Vertraulichkeit und in ehrfürchtigem Abstand zu nähern. Denn man begann die Natur erst zu begreifen, als man sie nichtmehr begriff; als man fühlte, daß sie das Andere war, das Teilnahmslose, das keine Sinne hat uns aufzunehmen, da war man erst aus ihr herausgetreten, einsam, aus einer einsamen Welt.

Und das mußte man, um an ihr Künstler zu sein; man durfte sie nichtmehr stofflich empfinden auf die Bedeutung hin, die sie für uns besaß, sondern gegenständlich als eine große vorhandene Wirklichkeit.

So hatte man den Menschen empfunden zur Zeit, da man ihn groß malte; aber der Mensch war schwankend geworden und ungewiß, und sein Bild floß dahin in Verwandlungen und war kaum mehr zu fassen. Die Natur war dauernder und größer, alle Bewegung war breiter in ihr und alle Ruhe schlichter und einsamer. Es war eine Sehnsucht im Menschen, mit ihren erhabenen Mitteln von sich zu reden wie von etwas ebenso Wirklichem, und so entstanden die Bilder von Landschaften, in denen nichts geschieht. Leere Meere hat man gemalt, weiße Häuser in Regentagen, Wege, auf denen keiner geht, und unsäglich einsame Wasser. Immer mehr entschwand das Pathos und je besser man diese Sprache verstand, in desto schlichterer Weise gebrauchte man sie. Man versenkte sich in die große Ruhe der Dinge, man empfand, wie ihr Dasein in Gesetzen verging, ohne Erwartung und ohne Ungeduld. Und still gingen unter ihnen die Tiere umher und ertrugen wie sie den Tag und die Nacht und waren voll von Gesetzen. Und als der Mensch später in diese Umgebung trat, als Hirte, als Bauer oder einfach als eine Gestalt aus der Tiefe des Bildes: da ist alle Überhebung von ihm abgefallen und man sieht ihm an, daß er Ding sein will.

In diesem Aufwachsen der Landschafts-Kunst zu einem langsamen Landschaft-Werden der Welt liegt eine weite menschliche Entwicklung. Der Inhalt dieser Bilder, der so absichtslos aus Schauen und Arbeit entsprang, spricht uns davon, daß eine Zukunft begonnen hat mitten in unserer Zeit: daß der Mensch nichtmehr der Gesellige ist, der unter seinesgleichen im Gleichgewicht geht, und auch derjenige nichtmehr, um dessentwillen Abend und Morgen wird und Nähe und Ferne. Daß er unter die Dinge gestellt ist wie ein Ding, unendlich allein und daß alle Gemeinsamkeit aus Dingen und Menschen sich zurückgezogen hat in die gemeinsame Tiefe, aus der die Wurzeln alles Wachsenden trinken.

Thomas Mann's »Buddenbrooks«

Man wird sich diesen Namen unbedingt notieren müssen. Mit einem Roman von elfhundert Seiten hat Thomas Mann einen Beweis von Arbeitskraft und können gegeben, den man nicht übersehen kann. Es handelte sich ihm darum, die Geschichte einer Familie zu schreiben, welche zugrundegeht, den »Verfall einer Familie« Noch vor einigen

Jahren hätte ein moderner Schriftsteller sich damit begnügt, das letzte Stadium dieses Verfalls zu zeigen, den Letzten, der an sich und seinen Vätern stirbt. Thomas Mann hat es als ungerecht empfunden, in einem Schlußkapitel die Katastrophe zusammenzudrängen, an welcher eigentlich Generationen arbeiten, und er hat, gewissenhaft, dort begonnen, wo der höchste Glücksstand der Familie erreicht ist. Er weiß, daß 577 hinter diesem Höhepunkt notwendig der Abstieg beginnen muß, erst in kaum merkbarer Senkung, dann immer jäher und jäher und schließlich senkrecht abfallend in das Nichts.

So war er also vor die Notwendigkeit gestellt, das Leben von vier Generationen zu erzählen, und die Art wie Thomas Mann diese ungewöhnliche Aufgabe gelöst hat, ist so überraschend und interessant, daß man, obwohl es Tage lostet, die beiden gewichtigen Bande Seite für Seite mit Aufmerksamkeit und Spannung liest ohne zu ermüden, ohne etwas zu überschlagen, ohne das geringste Zeichen von Ungeduld oder Eile. Man hat Zeit, man muß Zeit haben für die ruhige und natürliche Folge dieser Begebenheiten; gerade weil nichts in dem Buche für den Leser da zu sein scheint, weil nirgends, über die Ereignisse hinweg, ein überlegener Schriftsteller sich zu dem überlegenen Leser neigt, um ihn zu überreden und mitzureißen, – gerade deshalb ist man so ganz bei der Sache und fast persönlich beteiligt, ganz als ob man in irgend einem Geheimfach alte Familienpapiere und Briefe gefunden hatte, in denen man sich langsam nach vorn liest, bis an den Rand der eigenen Erinnerungen.

Thomas Mann fühlte ganz richtig, daß er, um die Geschichte der Buddenbrooks zu erzählen, Chronist werden müsse, das heißt ruhiger und unerregter Berichterstatter der Begebenheiten, und daß es sich trotzdem darum handeln würde, Dichter zu sein, und viele Gestalten mit überzeugendem Leben, mit Wärme und Wesenheit zu erfüllen. Er 578 hat beides in überaus glücklicher Weise vereint, indem er die Rolle des Chronisten modern aufgefaßt hat und sich bemüht hat, nicht einige hervorragende Daten zu verzeichnen, sondern alles scheinbar Unwichtige und Geringe, tausend Einzelheiten und Details gewissenhaft anzuführen, weil schließlich alles Tatsächliche seinen Wert hat und ein winziges Stück von jenem Leben ist, das zu schildern er sich vorgenommen hatte. Und auf diese Weise, durch diese herzliche Versenkung in die einzelnen Vorgange, durch die große Gerechtigkeit gegen alles Geschehen erreicht er eine Lebendigkeit der Darstellung, die nicht so sehr im Stoffe, als vielmehr im fortwährenden Stofflichwerden aller Dinge liegt. Es ist etwas von der Technik Segantinis hier in das andere Gebiet übertragen: die gründliche und gleichwertige Behandlung jeder Stelle, die Durcharbeitung des Materials, welche alles wichtig und wesentlich erscheinen laßt, die von hundert Furchen durchzogene Fläche, die dem Beschauer einheitlich und von innen heraus belebt erscheint, und schließlich das Objektive, die epische Art des Vortrags, welche selbst das Grausame und Bange mit einer gewissen Notwendigkeit und Gesetzmäßigkeit erfüllt.

Diese Geschichte des alten Lübecker Patriziergeschlechtes Buddenbrook (in Firma Johann Buddenbrook), welche mit dem alten Johann Buddenbrook um 1830 einsetzt, endet mit dem kleinen Hanno, seinem Urenkel, in unseren Tagen. Sie umfaßt Feste und Versammlungen, Taufen und Sterbestunden (besonders schwere und schreckliche Sterbestunden), Verheiratungen und Ehescheidungen, große Geschäftserfolge und die herzlosen unaufhörlichen Schläge des Niederganges, wie das Kaufmannsleben sie mit sich bringt. Sie zeigt das ruhige und naive Arbeiten einer älteren Generation und die nervöse, sich selbst beobachtende Hast der Nachkommen; sie zeigt kleine und lächerliche Menschen, die in den verwirrten Netzen der Schicksale sich heftig bewegen, und offenbart, daß auch die, die etwas weiter sehen, des Glückes oder Unheils nicht mächtig sind und daß beides immer aus hundert kleinen Bewegungen entsteht und, fast unpersönlich und anonym in seinem Ursprung, sich ausbreitet und sich zurückzieht, wahrend das Leben weitergeht wie eine Welle. Besonders fein beobachtet ist, wie der Niedergang des Geschlechtes sich vor allem darin zeigt, daß die Einzelnen gleichsam ihre Lebensrichtung geändert haben, daß es ihnen nicht mehr natürlich ist, nach außen hin zu leben, daß sich vielmehr eine Wendung nach Innen immer deutlicher bemerkbar macht. Schon der Senator Thomas Buddenbrook muß sich anstrengen, um seinen Ehrgeiz zu befriedigen, – bei seinem Bruder Christian aber hat diese Abkehr vom äußeren Leben zu einer gefährlichen und pathologischen Selbstbeobachtung geführt, die sich auf innere leibliche Zustände erstreckt und ihn mit ihrer quälenden Unerbittlichkeit zu Grunde richtet. Auch der Letzte, der kleine Hanno, geht mit nach innen gekehrtem Blick umher, aufmerksam die innere seelische Welt belauschend, aus der seine Musik hervorströmt. In ihm ist noch einmal die Möglichkeit zu einem Aufstieg (freilich einem anderen als Buddenbrooks erhoffen) gegeben: die unendlich gefährdete Möglichkeit eines großen Künstlertums, die nicht in Erfüllung geht. Der kränkliche Knabe geht an der Banalität und Rücksichtslosigkeit der Schule zu Grunde und stirbt am Typhus.

Sein Leben, ein Tag dieses Lebens, nimmt einen größeren Raum im zweiten Bande ein. Und so grausam das Schicksal diesen Knaben zu behandeln scheint, auch hier hören wir nur den ausgezeichneten Chronisten, der tausend Tatsachen bringt, ohne sich zu Zorn oder Zustimmung hinreißen zu lassen.

Und neben der kolossalen Arbeit und dem dichterischen Schauen ist diese vornehme Objektivität zu loben; es ist ein Buch ganz ohne Überhebung des Schriftstellers. Ein Akt der Ehrfurcht vor dem Leben, welches gut und gerecht ist, indem es geschieht.

582

Herman Bang, Das weiße Haus

Man kennt die Romane des Dänen Herman Bang. Sie haben alle etwas Todtrauriges, Hoffnungsloses, Entmutigendes. Man erinnert sich der Menschen, die darin vorkommen, wie man sich vielleicht verlorener und unglücklicher Existenzen erinnert, von denen man als Kind gehört hat. Überhaupt so wie man Dinge und Schicksale als Kind gesehen und empfunden hat (besonders wenn man ein Kind einsam unter Erwachsenen war), so findet man das Leben in den Büchern Herman Bangs wieder. So seltsam verlockend und liebkosend ist sein Ruf wie die Stimme der Wasserfrau, welche die jungen Menschen in die tödliche Tiefe grundloser Gewässer zieht, – und sein Schritt ist so eilig, daß die Menschen ihm nicht nachkommen können und entweder mit milden Händen im Schooße, hilflos und traurig lächelnd, zurückbleiben oder aber, von einer unheimlichen Hast erfüllt, mit vielen kleinen überstürzten Bewegungen hinter ihm herkommen, bis sie sterbensmüde zusammenbrechen und am Wege sterben. Diese Hast, diese fieberhafte Tatenlosigkeit, die oft über besonders feinen und empfindsamen Menschen liegt, ist das eigentliche Thema im Werke Herman Bangs.

In seinen früheren Büchern ist diese Atemlosigkeit über ganzen Geschlechtern, deren fliegendes Keuchen man zu vernehmen glaubt, während er sich in seinem letzten Buche, dem »weißen Hause«, die Aufgabe gestellt hat, uns eine einzelne Gestalt zu zeigen, an der das

581

Leben vorüberfliegt wie ein Traum und die mit tausend kleinen Lieb-
kosungen, mit saßen mädchenhaften Schmeicheleien sich ihm zu nähern
und es festzuhalten sucht; denn darin liegt die Tragik, daß dieser
Mensch, dem das Leben mit fremdem Lächeln vorbeigehen will, dieses
Leben, ohne seiner mächtig zu sein, gerade in seinen starken und
kraftvollen Erscheinungen liebt und anerkennt. Diese Gestalt, diese
weiße Frau, diese kindhafte Mutter, die so jung ist und nicht älter
wird, weil sie jung sterben muß, hat etwas Typisches, und Herman
Bang hat, wie mir scheint, diesen Typus geschaffen. Danach muß dieses
Buch gewertet werden; denn immer noch haben wir diejenigen Bücher
am höchsten eingeschätzt, die das Wesen einer gewissen Gestalt so tief
und sicher erfaßt haben, daß wir sie nicht als Ausnahme empfinden,
sondern sie, wie von hundert Spiegeln wiederholt, hundertmal in verschiedenen Fernen kommen und verschwinden sehen.

Aber noch etwas anderes macht dieses Buch zu einem Ereignis von
besonderer Bedeutung: es hat nur so geschrieben werden können wie
es geschrieben worden ist. Das heißt, so wie man eigentlich keine Bücher schreibt. Es ist geschrieben wie lebhafte Kinder erzählen. Man
geht durch ein Haus, durch das »weiße Haus«, durch den Küchengar-
ten, durch die Stadt, man macht Besuche bei verschiedenen Leuten,
beim Dorfschulzen, bei Madame Jespersen, – und jedesmal erfahrt
man, was die Mutter an allen diesen Orten getan und gesagt hat, man
hört ihr Lachen und fühlt ihre Schweigsamkeit, – und während man
weiß Gott bei wem sich aufhält, weiß man, daß es sich doch nur um
die Mutter handelt, um »die Frau«, wie sie genannt wird, die unter
diesen Leuten gelebt hat und die eine große Liebe zu diesen Leuten
gehabt hat und eine große Überlegenheit über sie, weil sie so anders
war. Das haben die Kinder bemerkt und auch der Vater weiß es, der
ein Leben für sich lebt in seiner Studierstube bei seinen Sorgen und
den Büchern, zwischen denen er immer auf und niedergeht. Man hört
nur seine Schritte manchmal wenn es stille wird im weißen Haus, oder
man sieht ihn plötzlich in der Türe stehen, schwarz, wie einen hohen
Schatten, in den Dämmerstunden, wenn die Mutter am Klavier sitzt
und spielt und singt, ehe die Lampe angezündet wird. In diesen Stunden
strahlt sie ihre Traurigkeit aus, wie einen Duft, den gewisse Blumen
ausatmen, ehe die Nacht kommt. Und die Kinder sitzen irgendwo in
den Ecken der weiten Stube und wollen immer mehr von dieser wundersamen Traurigkeit, die sie nicht verstehen …

Später im Leben wissen sie vielleicht was es war. Und eines von diesen Kindern hat als Mann, als reifer und banger und trotziger Mann das Buch geschrieben, welches das Buch seiner Kindheit ist, das Gedicht, welches ganz erfüllt ist von der Schönheit und Hülflosigkeit der Mutter, die früh sterben mußte und »die das lichte Leben liebte«.

585

Das Jahrhundert des Kindes

Im Dezember des Jahres 1900 erschien unter diesem Titel in Schweden ein neues Buch von Ellen Key. Es liegt jetzt in deutscher Übersetzung vor.[1] Und dieses Buch, in seiner stillen, eindringlichen und liebevollen Art, ist ein Ereignis, ein Dokument, über das man nicht wird hinweggehen können. Man wird im Verlaufe dieses begonnenen Jahrhunderts immer wieder auf dieses Buch zurückkommen, man wird es zitieren und widerlegen, sich darauf stützen und sich dagegen wehren, aber 584 man wird auf alle Falle damit rechnen müssen. Dieses Buch wird Bücher hervorrufen; denn es ist so geschrieben, daß man es nach allen Seiten aushauen und fortsetzen kann. Ja, ich glaube sogar nicht zuviel zu sagen, wenn ich behaupte, daß es Menschen hervorrufen wird, die danach leben werden; denn es ist von lauter Wirklichkeiten erfüllt, und Wirklichkeiten mögen sie auch überraschend sein, drangen immer danach, gelebt zu werden.

Schon als Ellen Key mit ihrem ersten Beitrag zur Frauenfrage, der Broschüre »Mißbrauchte Frauenkraft«, hervortrat, konnte man ahnen, welchen Weg diese Schriftstellerin gehen wurde. Es war klar, daß sie keine Frauenrechtlerin war, die mit tendenziöser Einseitigkeit die neuen Forderungen ihres Geschlechts vertreten und verteidigen würde. Es handelte sich in diesem Fall um einen weitsehenden modernen Menschen, der über die Frauenbewegung hinaus war, so daß er schon ihre Fehler und Gefahren sah, zu einer Zeit, als die anderen noch in blindem Fanatismus vorwärtsstürmten. Das Frauen-Schutzgesetz, welches dem weiblichen Geschlecht statt der erstrebten vollen Gleichberechtigung mit dem Manne, um seiner Mutterschaft willen, gewisse Milderungen und Ausnahmen zugestand, wurde auf dem Frauenkongreß in London (1899) von vielen Frauen bekämpft, die eben jene

---

1   Ellen Key, »Das Jahrhundert des Kindes«, S. Fischer, Berlin 1902.

Gleichberechtigung für das einzig Richtige hielten. Ellen Key gehörte nicht zu ihnen; sie hat, eben weil sie weiter sah, im Weibe immer das zur Mutterschaft auserwählte Wesen gesehen, dessen Leben dann schön und harmonisch ist, wenn es ihm gelingt, seine Tätigkeit mit jener ersten und wichtigsten Aufgabe in Einklang zu setzen. Schon in dem Buche »Mißbrauchte Frauenkraft« hat Ellen Key, indem sie ihre Hand schützend über die Frau hielt, das Kind schützen wollen, das diese Frau vielleicht einmal gebären wird. Sie ist der Anwalt und der Apostel des Kindes. Sie ist unzufrieden mit der Gegenwart und hofft auf das Kind, welches die Zukunft ist. Sie will diese Zukunft groß und glücklich, und darin begegnet sie sich mit denjenigen, welche an einer Umformung der Gesellschaft arbeiten. Aber sie halt es für aussichtslos, durch Reformen der gegenwärtigen Zustande, wie sie unter den Erwachsenen herrschen, wirkliche Fortschritte zu erzielen. Die Kinder sind der Fortschritt selbst, und, was sie mit ihrem Buche lehren und sagen und raten will, ist immer wieder dieses: vertraut dem Kinde. Es ist das Wunderbare an diesem Buche, daß es nicht anklagt und nicht klagt, daß es sich von den heutigen Eltern, welche so viele Fehler begehen, fortwendet, gleichsam zu jenen künftigen Erziehern hin, die dem Kinde sein Recht verschaffen werden. Vorn Rechte des Kindes handelt dieses Buch, und man sieht mit einem Male ein, daß es, nachdem die Frau der jahrhundertelangen Sklaverei entwachsen ist, das Nächste sein wird, den Kindern die Freiheit zu geben. Die Frauen, als erwachsene Menschen, konnten sich selbst ihr Recht erringen; den Kindern, die den Erwachsenen gegenüber ohnmächtig sind, muß es von weisen Eltern und Erziehern gegeben und bewahrt werden. Freie Kinder zu schaffen, wird die vornehmste Aufgabe dieses Jahrhunderts sein. Ihr Sklaventum ist schwer und schrecklich; es beginnt, noch ehe sie geboren sind, und endet damit, daß sie schließlich Erwachsene und Eltern, das heißt wieder Unterdrücker von neuen Kindern werden wie die Verhältnisse heute liegen, kann man ruhig sagen, daß sowohl die guten wie die schlechten Eltern, sowohl die guten wie die schlechten Schulen, Unrecht haben dem Kinde gegenüber. Sie verkennen das Kind überhaupt, sie gehen von einer falschen Voraussetzung aus, von der Voraussetzung des Erwachsenen, der sich dem Kinde überlegen fühlt, statt zu erkennen, daß es das Streben der größten Menschen war, dem Kinde in gewissen Augenblicken gleich und ebenbürtig zu sein. Hat Christus nicht gesagt: »wenn ihr nicht werdet wie die Kinder ....« Aber ach, sie, die Kinder, dürfen nicht sein, wie sie sind. Sie werden auch von den Eltern, die es gut meinen, tausendfach beeinträchtigt in ihrem Recht: zu *sein*. Sie werden, wenn sie »brav« sind, wie junge Katzen behandelt, und wenn sie »schlimm« sind, wie Verbrecher. Nie wie Menschen. Es giebt noch keine Eltern, welche in ihrem Kinde, vom ersten Tage an, die neue Individualität sehen und achten, die doch mit jedem neuen Kinde im Keime gegeben ist. Die Besten streben danach, »etwas aus ihrem Kinde zu machen«, und ahnen nicht, wie sehr sie sich damit an dem Leben versündigen, das nicht gemacht, sondern nur genährt sein will.

Wonach die Zeit am sehnlichsten verlangt, das sind immer wieder die großen Individualitäten, die anders sind: denn immer ist mit ihnen 587 die Zukunft gewesen. Wenn aber im Kinde die Individualität sich zeigt, wird sie verächtlich oder geringschätzig behandelt, womöglich, was für das Kind am schmerzlichsten ist – verlacht. Man geht mit ihnen um, als ob sie nichts Eigenes hatten, und entwertet ihnen die tiefen Reichtümer, aus denen sie leben, um ihnen dafür Gemeinplätze zu geben. Auch wenn man es den Erwachsenen gegenüber nicht mehr ist, ihnen gegenüber ist man unduldsam und ungeduldig. Das Recht, das man jedem Großen selbstverständlich zugesteht, eine eigene Meinung zu haben, ihnen versagt man es. Die ganze Erziehung, wie sie heute ist, besteht in einem fortwährenden Kampf mit dem Kinde, in dem schließlich beide Teile zu den verwerflichsten Mitteln greifen. Und die Schule setzt nur fort, was die Eltern begonnen haben. Sie ist ein systematischer Kampf gegen die Persönlichkeit. Sie verachtet den Einzelnen, seine Wünsche und Sehnsuchten, und sie sieht ihre Aufgabe darin, ihn auf das Niveau der Masse herabzudrücken. Man lese die Lebensgeschichte aller großen Menschen; sie sind, was sie geworden sind, immer *trotz* der Schule geworden, nicht durch sie. Die großen Ideen haben in den Schulen alle Lebendigkeit verloren, sie sind abstrakt geworden und langweilig, weil in sie die Absichtlichkeit hineingelegt worden ist, zu bilden. Überhaupt ist, was man »allgemeine Bildung« nennt, ein unverhältnismäßig angewachsener, unpersönlich gewordener Vorrat von Wissen, leblos wie ein Konversationslexikon und ohne inneren Zusammenhang wie dieses. Nicht wonach das Kind fragt, giebt man 588 ihm, sondern irgend ein bestimmtes Quantum von fertigen Resultaten, die ihm vollkommen gleichgültig sind. Während der ganzen jahrelangen Schulzeit läßt man das Kind selbst, seine Bedürfnisse, Sorgen und

Hoffnungen, nicht ein einziges Mal zu Worte kommen und gebraucht es nur als Reproduktionsmaschine fertiger Phrasen und Formeln, die es, auf das Marterrad des Examens gespannt, möglichst tadellos wiederholen muß. Dabei vergehen die Jahre und noch immer fragt niemand, was gerade dieser oder jener Mensch braucht. Von dem unermeßlichen Wortschwall der Schule werden die jugendlichen Seelen wie von einem Aschenregen überfallen und verschüttet. Der Wille in den jungen Leuten wird verwirrt, und wenn sie endlich mit der Schule fertig sind, so wissen sie nicht mehr, was sie gewollt haben. Ratlos stehen dann die meisten vor dem Leben, auf das man sie nicht vorbereitet hat; entfremdet aller Wirklichkeit ergreifen sie einen jener zufälligen Berufe, die nicht Persönlichkeiten, sondern Maschinen verlangen, um erfüllt zu werden. Sie haben für das Examen gelernt und wenn dieses vorüber ist, hat die »Bildung« ihren Zweck erfüllt, sie dürfen anfangen – zu vergessen und diese Tätigkeit füllt nun ihr weiteres Leben aus. Wo aber Einer ist, in dem noch ein Stück Kindheit und Reichtum, ein Stück Persönlichkeit lebt, das nicht hat unterdrückt werden können, da beginnt ein schwerer und banger Rückweg durch das öde Land der Schule und der Erziehung zu einem neuen Anfang, zum Anfang eines neuen eigenen Lebens, das man spät und traurig beginnt. Hier könnte man von mißbrauchter Menschenkraft sprechen, und es ist die Kraft der Besten vielleicht, die für solche schmerzhaften Rückwege ausgegeben wird.

Ellen Key hat mit bewunderungswürdiger Ruhe, zornlos und sachlich, gezeigt, wie unrecht die Schule hat, die die Entwickelung der jungen Menschen stört, ihre Wege verwirrt, ihren zuerst so persönlichen Willen abstumpft und es zu Stande bringt, aus hundert verschiedenen ungeduldigen Kräften eine einzige gleichgültige Trägheit zu machen, von der nichts Neues zu erwarten ist. Sie hat auf alle Irrtümer hingewiesen und gesagt, daß die allgemeinen Schulen sich damit begnügen mußten, das Allgemeine zu geben, das, was wirklich für alle gilt, und das ist ungemein wenig. Jeder dürfte *nur* bis zu dem Punkte hingeführt werden, auf dem er fähig wird, selbst zu denken, selbst zu arbeiten, selbst zu lernen. Es giebt nur ganz wellige große Wahrheiten, die man vor einer Versammlung aussprechen darf, ohne Einen darin zu verletzen: nur diese sind Sache der Schule. Die Schule müßte vor Allem mit Einzelnen rechnen, nicht mit Klassen: Das Leben und der Tod und das Schicksal sind auch im letzten Sinne für Einzelne gemacht, und zu alledem, zu den großen wirklichen Ereignissen, muß die Schule Beziehung gewinnen, wenn sie wieder lebendig werden will.

Die Verfasserin hat nicht versäumt, Reform-Versuche, die in dieser Beziehung (besonders in England) gemacht worden sind, anzuführen, und es ist ungemein interessant, die angegebenen Daten zu lesen. Im übrigen aber hat Ellen Key wohl gefühlt, daß der durchaus verfahrenen 590 und verfehlten, auf falschen Voraussetzungen aufgebauten Erziehungsmethode durch Reformen nicht aufzuhelfen ist. Man müßte einen Strich machen und neu beginnen. Man müßte beginnen, vom Kinde auszugehen, nicht vom Standpunkte des Erwachsenen, der so wenig vom Kinde weiß. Man müßte das Leben des Kindes als ein berechtigtes selbstständiges Leben neben dem eigenen gelten lassen und ehren. Dann würde von selbst eine andere Schule, eine Schule ohne Prüfungen und ohne Wettstreit, entstehen, die das Leben nicht aus dem Auge verlieren, sondern immerfort darauf zugehen würde. Und diese Schule ist die einzig mögliche, die einzige, welche nicht hindert, sondern hilft, die einzige, welche nicht Persönlichkeiten im Keime erstickt, sondern jedem die Möglichkeit giebt, die innersten Wünsche seines Wesens durchzusetzen.

Ellen Key hat an mehreren Stellen ihres anregenden und regsamen Buches Kind und Künstler nebeneinander gestellt. Sie hätte ihre »geträumte Schule« auch durch die Tatsache stützen können, daß die Kunst Akademien eher dazu beigetragen haben, Künstler zu vernichten, als solche zu bilden, und daß der normale und glücklichste Werdegang des Künstlers in einer durch Schulmeinungen ungestörten Entfaltung seiner Persönlichkeit besteht. Heute wachsen schon viele Künstler so heran und kommen allein, auf ihrem eigenen Wege, zu Kraft und Können. Und wie nach einer Zeit der akademischen Langweiligkeit eine neue lebendige Kunst mit diesen Künstlern einzusetzen scheint, so wird, wenn einmal Kinder ohne die Schrecken der Schule herange- 591 wachsen sein werden, eine Blütezeit des Lebens beginnen. Ellen Key hat Erfahrung genug, um zu wissen, daß diese Zeit nicht ganz nahe ist. Sie hat, statt eines Reformvorschlages, den »Traum einer neuen Schule« gegeben, und sie hat ihren Worten dadurch Tendenzlosigkeit und Milde verliehen und ihren Plänen die lebhafte gegenständliche Wirklichkeit des Traumes, die so unvergeßlich ist. Und in der Tat: dieses Jahrhundert wird zu den größten gehören, wenn der Traum, den diese seltsam reife und gerechte Frau in seinen ersten Tagen geträumt hat, in seinen letzten einmal in Erfüllung geht. Vielleicht wird man einmal die Menschen dieses Jahrhunderts danach abschätzen, wie sehr sie an der Verwirklichung dieses Traumes gearbeitet haben. Das Buch Ellen Key's ist die erste Station auf dem neuen Wege. Es wird den Kindern noch nicht helfen können; aber es wird dazu beitragen, unter denen, die jetzt heranwachsen, neue Erzieher und neue Eltern zu bilden. Und das tut vor Allem not.

Kunstwerke

Vielleicht war es immer so. Vielleicht war immer eine weite Fremde zwischen einer Zeit und der großen Kunst, welche in ihr entstand. Vielleicht waren die Kunstwerke immer so einsam, wie sie es heute sind, und vielleicht war der Ruhm niemals etwas anderes als der Inbegriff aller Mißverständnisse, die sich um einen neuen Namen versammeln. Es liegt kein Grund vor zu glauben, daß es jemals anders war. Denn das, was die Kunstwerke unterscheidet von allen anderen Dingen, ist der Umstand, daß sie gleichsam zukünftige Dinge sind, Dinge, deren Zeit noch nicht gekommen ist. Die Zukunft, aus der sie stammen, ist fern; sie sind die Dinge jenes letzten Jahrhunderts, mit welchem einmal der große Kreis der Wege und Entwicklungen sich schließt, sie sind die vollkommenen Dinge und Zeitgenossen des Gottes, an dem die Menschen seit Anbeginn bauen und den sie noch lange nicht vollenden werden. Wenn es trotzdem scheint, als ob die großen Kunstdinge vergangener Epochen mitten im Rauschen ihrer Zeiten gestanden hätten, so mag man dies damit erklären, daß den entfernten Tagen (Von denen wir so wenig wissen) jene letzte und wunderbare Zukunft, welche die Heimat der Kunstwerke ist, näher war als uns. Das Morgen schon war ein Teil des Weiten und Unbekannten, es lag hinter jedem Grab, und die Götterbilder waren die Grenzsteine eines Reichs tiefer Erfüllungen. Langsam entfernte sich diese Zukunft Von den Menschen. Glaube und Aberglaube drängte sie hinaus in immer größere Fernen, Liebe und Zweifel warf sie über die Sterne hinaus und in die Himmel hinein. Unsere Lampen endlich sind weitsichtig geworden, unsere Instrumente reichen über Morgen und Übermorgen, wir entziehen mit den Mitteln der Forschung kommende Jahrhunderte der Zukunft und machen sie zu einer Art noch nicht begonnener Gegenwart. Die Wissenschaft hat sich aufgerollt wie ein weiter, unabsehbarer Weg, die schweren und schmerzhaften Entwicklungen der Menschen, der einzelnen und der Massen, füllen die nächsten Jahrtausende als eine unendliche Aufgabe und Arbeit aus.

Und weit, weit hinter alledem, liegt die Heimat der Kunstwerke, jener seltsam verschwiegenen und geduldigen Dinge, die fremd umherstehen unter den Dingen täglichen Gebrauches, unter den beschäftigten Menschen, den dienenden Tieren und den spielenden Kindern. 636

Samskola

Ich werde erzählen, was sich neulich in Gothenburg begeben hat. Es ist merkwürdig genug. Es geschah in dieser Stadt, daß mehrere Kinder zu ihren Eltern kamen und erklärten, sie wollten auch nachmittags in der Schule bleiben, auch wenn kein Unterricht ist, immer. Immer? Ja, so viel wie möglich. In welcher Schule?

Ich werde von dieser Schule erzählen. Es ist eine ungewöhnliche, eine völlig unimperativische Schule; eine Schule, die nachgiebt, eine Schule, die sich nicht für fertig hält, sondern für etwas Werdendes, daran die Kinder selbst, umformend und bestimmend, arbeiten sollen. Die Kinder, in enger und freundlicher Beziehung mit einigen aufmerksamen, lernenden, vorsichtigen Erwachsenen, Menschen, Lehrern, wenn man will. Die Kinder sind in dieser Schule die Hauptsache. Man begreift, daß damit verschiedene Einrichtungen fortfallen, die an anderen Schulen üblich sind. Zum Beispiel: jene hochnotpeinlichen Untersuchungen und Verhöre, die man Prüfungen genannt hat, und die damit zusammenhängenden Zeugnisse. Sie waren ganz und gar eine Erfindung der Großen. Und man fühlt gleich, wenn man die Schule betritt, den Unterschied. Man ist in einer Schule, in der es nicht nach Staub, Tinte und Angst riecht, sondern nach Sonne, blondem Holz und Kindheit.

Man wird sagen, daß eine solche Schule sich nicht halten kann. Nein, natürlich. Aber die Kinder halten sie. Sie besteht nun im vierten 672 Jahre und man zählt in diesem Semester zweihundertfünfzehn Schüler, Mädchen und Knaben aus allen Altern. Denn es ist eine richtige Schule, die beim Anfang anfängt und bis ans Ende reicht. Freilich: dieses Ende liegt noch nicht ganz in ihrer Hand. An diesem Ausgang der Achtzehnjährigen steht, gespenstisch wie ein Revenant, die Reifeprüfung. Und sie treten, aus der Zukunft, in der sie schon waren, in eine andere Zeit zurück. In die Zeit ihrer Zeitgenossen. Aber sie sind doch, sozusagen, im Kommenden erzogen; werden sie das ganz verleugnen? Wird man es später an ihrem Leben merken?

Für alle, die jetzt und in den nächsten Jahren die Schule verlassen, trifft das noch nicht ganz zu; denn sie sind (da die Schule erst ihr viertes Jahr beginnt) nicht von Anfang an ihre Schüler gewesen. Sie sind eines Tages übergetreten, mit Schulerfahrungen und – konventionen behaftet und ganz voll von den Bazillen alter, verschleppter Schulseuchen. Wäre der junge Körper dieser neuen Schule nicht so durch und durch gesund, so hatten sie leicht eine Gefahr für ihn werden können. So aber gehen sie, ohne Schaden zu stiften, durch seinen Organismus durch; ihre schlechten Gebräuche und Schülerheimlichkeiten, die sie fortsetzen, bekommen, inmitten des weiten, offenen Vertrauens, inmitten dieser lebensgroßen Menschlichkeit, die weit über die Wände einer Schulstunde hinausreicht, einen Anschein von trauriger, harmloser Lächerlichkeit; sie werden so überflüssig wie die umwickelten Gebärden eines Freigelassenen, der fortfährt, in der Zeichen- und Klopfsprache des Gefängnisses sich auszudrücken. Aber wenn diese einmal scheu Gemachten auch nicht fähig sind, sich in der Sonne der neuen Schule ganz arglos auszubreiten, so merkt man doch, wie sie sich erholen, wie sie sich aufrichten und, bei aller Frühreife ihrer trüben Erfahrung, reine, kindhaft lichte Triebe ansetzen und da und dort zum Blühen kommen. Aber man muß vorsichtig mit ihnen sein; denn die Freiheit ist eine Gefahr für sie.

Das Wort Freiheit ist genannt. Es scheint mir, als ob wir, die Erwachsenen, in einer Welt lebten, in der keine Freiheit ist. Freiheit ist bewegtes, steigendes, mit der Menschenseele sich wandelndes, wachsendes Gesetz. Unsere Gesetze sind nicht mehr die unserigen. Sie sind zurückgeblieben, während das Leben lief. Man hat sie zurückgehalten, aus Geiz, aus Habgier, aus Eigennutz; aber vor allem: aus Angst. Man wollte sie nicht mit auf den Wellen haben in Sturm und Schiffbruch; sie sollten in Sicherheit sein. Und da man sie so, gerettet aus aller Gefahr, auf dem Strande zurückließ, sind sie erstarrt. Und das ist unsere Not: daß wir Gesetze haben aus Stein. Gesetze, die nicht immer mit uns waren, fremde, unverwandte Gesetze. Keine von den tausend neuen Bewegungen unseres Blutes pflanzt sich in ihnen fort; unser Leben besteht nicht für sie; und die Wärme aller Herzen reicht nicht

aus, einen Schimmer von Grün auf ihren kalten Oberflächen hervorzurufen. Wir schreien nach dem neuen Gesetz. Nach einem Gesetz, das
Tag und Nacht bei uns bleibt und das wir erkannt und befruchtet haben
wie ein Weib.

Aber es kommt keiner, der solches Gesetz uns geben kann; es ist
über die Kraft.

Aber denkt niemand daran, daß das neue Gesetz, das wir nicht zu
schaffen vermögen, täglich anfangen kann mit denen, die wieder ein
Anfang sind? Sind sie nicht wieder das Ganze, Schöpfung und Welt,
wachsen nicht in ihnen alle Kräfte heran, wenn wir nur Raum geben?
Wenn wir nicht aufdringlich, mit dem Recht des Stärkeren, den Kindern all das Fertige in den Weg stellen, das für unser Leben gilt, wenn
sie nichts vorfinden, wenn sie alles machen müssen: werden sie nicht
alles machen? Wenn wir uns hüten, den alten Riß zwischen Pflicht
und Freude (Schule und Leben), Gesetz und Freiheit in sie hinein zu
vergrößern: ist es nicht möglich, daß die Welt heil in ihnen heran-
wächst? Nicht in einer Generation freilich, nicht in der nächsten und
übernächsten, aber langsam, von Kindheit zu Kindheit heilend?

Ich weiß nicht, ob man zu dem Ursprung der Schule auch durch
diese Gedanken gegangen ist; es ist eine Welt von Gedanken gedacht
worden. Aber nun ist sie da. Ihre einfache Heiterkeit spielt vor einem
Hintergrunde dunkelsten Ernstes. Sie ist nicht in ein Programm eingeschlossen, sie ist nach allen Seiten offen. Und es ist gar nicht vom
»Erziehen« die Rede. Es handelt sich gar nicht darum. Denn wer kann
erziehen? Wo ist der unter uns, der erziehen dürfte?

Was diese Schule versucht, ist dieses: nichts zu stören. Aber indem
sie dies auf ihre tätige und hingebende Weise versucht, indem sie
Hemmungen entfernt, Fragen anregt, horcht, beobachtet, lernt und
vorsichtig liebt, – tut sie alles, was Erwachsene an denen tun können,
die nach ihnen kommen sollen.

Das fünfteilige hölzerne Gebäude eines früheren Hospitals. An
Kranke denkt man nicht mehr; nur etwas wie die Freude von vielen
Genesenden ist darin geblieben.

Die Zimmer sind wie die Zimmer in einem Landhaus. Mittelgroß,
mit klaren, einfarbigen Wänden und geräumigen Fenstern, in denen
viele Blumen stehen. Die niedrigen, gelben, harzhellen Tische lassen
sich, wenn es nötig ist, in der Art von Schulbanken anreihen; meist
aber sind sie in der Mitte zu einem einzigen großen Tisch zusammen-

geschoben, wie in einer Wohnstube. Und die kleinen, behaglichen Sessel stehen rund herum. Natürlich ist alles da, was in ein richtiges Schulzimmer gehört: ein (übrigens nicht erhöhter) Lehrertisch, eine Tafel und alles andere. Aber diese Dinge repräsentieren nicht; sie ordnen sich ein. An der Wand, dem Fenster gegenüber, ist eine Karte von Schweden, blau, grün und rot: ein frohes, buntes Kinderland. Sonst sind Abbildungen von guten Gemälden da, in glatten, einfachen Holzrahmen. Des Velazquez kleiner reitender Infant. Daneben aber, ganz ebenso anerkannt, hängt das rote Haus, das der kleine Bengt oder Nils oder Ebbe gemalt hat, mit dem ernstesten Gesicht. Die lichten Gänge führen zu den Sälen hin, die für viele Beschäftigungen eingerichtet sind. Da ist ein weiter, luftiger Raum für die Handarbeiten der Kleinsten; in einem anderen werden Bürsten hergestellt und Bücher gebunden; eine Werkstatt ist da für Tischlerarbeiten und Mechanik, eine Druckerei und ein stilles, heiteres Musikzimmer.

Man hat das Gefühl: hier kann man etwas werden. Diese Schule ist nicht etwas Vorläufiges; da ist schon die Wirklichkeit. Da fängt das Leben schon an. Das Leben hat sich klein gemacht für die Kleinen. Aber es ist da, mit allen seinen Möglichkeiten und mit vielen Gefahren. Da hängen in den Werkstätten, wo die Zwölfjährigen arbeiten, all die scharfen Messer und Ahlen und Stahle, die man sonst ängstlich vor den Kindern verbirgt. Hier legt man sie ihnen vorsichtig und ernst und richtig in die Hand und sie denken gar nicht daran, damit zu »spielen«. Sie beschäftigen sich so intensiv; und fast alle ihre Arbeiten sind gut und genau und brauchbar; des Handwerks tiefer Ernst kommt über sie.

Im Saal für Mechanik wurde ein Knabe gerufen, der einen Motor erfunden und im Modell ausgeführt hatte. Er sollte ihn erklären. Er war schon mit einer anderen Arbeit beschäftigt, von der er bereitwillig, aber doch ungern gestört, herüberkam. Sein Gesicht war noch ganz von der verlassenen Arbeit erfüllt. Aber dann nahm er sich zusammen und gab sachlich kurz die gewünschten Aufklärungen. Der Ton seiner Worte, die geschickten Gebärden, womit er sie begleitete, selbst die offene, sichere Art seiner Freundlichkeit zeigte den Arbeiter, der in seiner Arbeit lebt. Und wie bei diesem Knaben, so war bei allen Kindern Offenheit und Sicherheit zu finden; sie waren alle beschäftigt und froh und dadurch allen Tätigen nah; mochten es nun Erwachsene oder Kinder sein; in der ernsthaften und freudigen Beschäftigung war eine

Gemeinsamkeit gegeben, auf der sich verkehren ließ; aller Grund zur Verlegenheit war fortgefallen.

Die Freudigkeit, die Neigung, womit in dieser Schule alles geschieht, prägt alle Dinge. Wie schön sind die von den Kindern gedruckten und gebundenen Bücher, wie rührend ausdrucksvoll sind ihre kleinen Modellierversuche; und ihre Blumenzeichnungen nach der Natur sind so richtig und liebevoll und gewissenhaft, daß sie, wo gewisse Voraussetzungen da sind, jeden Augenblick Kunst werden können. Es tut so gut, zu fühlen, daß in diesen Kindern nichts verkümmern kann. Jede, auch die leiseste Anlage muß nach und nach zum Blühen kommen. Keins von diesen Kindern muß sich dauernd zurückgesetzt glauben. Der Möglichkeiten sind so viele. Für ein jedes muß der Tag kommen, da es sein Können entdeckt, irgendeine Fähigkeit, eine Geschicklichkeit, eine Lust zu irgend etwas, die ihm in dieser kleinen Welt seinen Platz, seine Berechtigung giebt. Und was das wichtigste ist: diese kleine Welt ist im Grunde nichts anderes als die große Welt auch; was man in ihr ist, kann man überall sein; diese Schule ist nicht ein Gegensatz des Heims. Sie ist dasselbe. Sie ist nur zu jedem » Zuhause« hinzugekommen, sie ist an alle Hauser angebaut und will mit ihnen in Verbindung sein. Sie ist nicht das andere. Die Eltern gehen in ihr eben so ein und aus wie ihre Kinder. Es steht ihnen frei, dann und wann einer Unterrichtsstunde beizuwohnen; sie kennen die Raume des Schulhauses und finden sich darin zurecht. Und auch im Verhältnis zum Leben will diese Schule nicht das andere sein. Deshalb kann sie keine Lehrer brauchen, die diesen Beruf ergreifen; die an ihr lehren, müssen von ihrem Beruf ergriffen sein. Es genügt nicht, daß sie einen Gegenstand beherrschen; dieser Gegenstand muß gewissermaßen unter freiem Himmel stehen; er darf nicht isoliert, nicht abgeschnitten, nicht aus allen Zusammenhängen gehoben sein. Er muß sich verwandeln, und wenn sich etwas rührt in der Welt, muß er zittern und tönen; man muß es an ihm merken können. Immer soll, unter dem Vorwande der verschiedenen Fächer, vom Leben die Rede sein. Wie schön war es, als einmal ein Bergmann kam, ein gewöhnlicher Bergmann, der schlicht und schwer von seinen schwarzen Tagen erzählte; und wie für ihn, so steht der Lehrersessel für jeden da, der etwas erfahren hat: für den Reisenden, der von fremden Gegenden erzählt, für den Mann, der Maschinen baut, und vor allem für den Schlichtesten unter den Wissenden, den Handwerker mit den klugen, vorsichtigen Händen. Denk,

678

wenn einmal ein Zimmermann käme! Oder ein Uhrmacher oder gar ein Orgelbauer! Und sie können jeden Augenblick kommen. Denn ganz leise nur, ohne Last, liegt das Netz des Stundenplanes über den Tagen. Es wird oft verschoben. Die Wochen gehen einem nicht mit der monotonen Eile eines Rosenkrazes durch die Finger. Jeder lag fangt an als etwas Neues und bringt unerwartete und erwartete und völlig überraschende Dinge. Und für alles ist Zeit. Die Frühstückspause ist so lang, daß man den Tisch abräumen und ihn mit hellem Wachstuch decken kann. Blumen werden in der Mitte daraufgestellt, Butterbrotteller und Gläser und Becher mit Milch; und dann sitzt es rund herum und ißt und träumt, lacht und erzählt und sieht wie eine Geburtstagsgesellschaft aus.

Es ist Zeit und Raum in dieser Schule. Um jedes dieser kleinen blonden Geschöpfe ist Raum. Wie ein Haus mit Garten ist jedes. Es ist nicht eingerammt zwischen seine Nachbarn. Es hat etwas um sich herum, etwas Lichtes, Freies, Blühendes. Es soll auch nicht gerade so wie seine Nachbarn aussehen; im Gegenteil: es soll so von Herzen verschieden sein, so aufrichtig anders, so wahr wie nur irgend möglich.

Es war konsequent und mutig, diesen Kindern keinen Religionsunterricht im herkömmlichen Sinn aufzuerlegen. Eine autoritative Beeinflussung an dieser empfindlichsten Stelle inneren Eigenlebens hätte alles Gerechte und Menschliche, das hier versucht worden ist, wieder aufgewogen. Man hat sich entschlossen, die biblischen Stoffe nach den reinsten, absichtslosesten Quellen als Historie vorzutragen, und man will nach und nach dazu kommen, Religion nicht ein- oder zweimal in der Woche zu geben, nicht heute von neun bis zehn, sondern immer, täglich, mit jedem Gegenstande, in jeder Stunde. Die Menschen, die diese Schule am meisten lieben, haben nach Tagen und nach Nächten, im ganzen Bewußtsein ihrer Verantwortung, diesen Beschluß gefaßt. Nun muß man Vertrauen zu ihnen haben. Kinder und Eltern. Denn diese Bedeutung scheint mir leise in dem Namen Samskola mitzuklingen: Gemeinschule, Schule für Knaben und Mädchen, aber auch: Schule für Kinder und Eltern und Lehrer. Da ist keiner über dem anderen; alle sind gleich und alle Anfänger. Und was gemeinsam gelernt werden soll, ist: die Zukunft.

Nur mit Einem reicht die Vergangenheit herein. Mit dem Aberglauben von den großen Kathedralen. Menschenleben sind unter den

Grundsteinen verschwunden und der Mörtel ist auch bei diesem Bau-
werk mit Herzblut gemischt. 681

Furnes

Die meisten Reisenden, die Brügge besuchen, kommen eines Tages
wie durch Zufall hin. Sie befinden sich in einem der Seebäder, in
Ostende oder in Blankenberghe oder in Heyst, und wenn sie für ein
paar Stunden in die berühmte Stadt fahren, so bringen sie die Stimmung des großen Seebades mit: diese Trägheit mit gutem Gewissen,
das Verlangen, unterhalten zu sein, und das behagliche Bewußtsein,
ein Recht auf Zerstreuung zu haben. Dieser Verfassung aber entzieht
sich Brügge fast ganz. Es verweigert zwar diesen Reisenden nichts; die
Grand' Place ist da, für den größten Andrang immer noch zu groß,
der Beffroi steigt, Stockwerk aus Stockwerk, und streut oben irgendwo
sein Glockenspiel aus; und wenn sie ins Hôpital Saint-Jean kommen,
so finden sie die Memlings, alles wie es sich gehört. Aber sie vermissen,
ohne sich vielleicht darüber klar zu werden, das Entgegenkommen in 1005
alledem, durch das vielbesuchte Städte sich sonst angenehm machen.
Selbst Venedig hat es; es zieht sich zusammen, und für die, die eilig
sind, ist es in einer Stunde zu genießen. Es gewinnt den Zerstreuten
einen Augenblick der Aufmerksamkeit ab, indem es vor ihnen aufsteigt
wie ein Feuerwerk. Es rührt die Frauen, die seine Geschichte nicht
kennen, durch seine verweinte Schönheit. Vielleicht giebt es solche,
denen es mit nichts wohlzutun vermochte, aber die überraschte es
schließlich durch seine Stille, und allen gab es, auch gegen ihren Willen,
Erinnerungen mit, nicht zu verwechselnde Bilder, Erwartungen beinah,
so sehr übertraf es mit seinem Dasein die Bedingungen dessen, was
sie für möglich hielten.

Brügge übertrifft nichts; es enttäuscht die meisten. Seine Zurückhaltung ist es, die ihm den Ruf des »toten Brügge« eingetragen hat, und
man begnügt sich, sie zu konstatieren. Das Brügge Rodenbachs ist bekannt geworden; man vergißt, daß es ein Gleichnis war, von einem
Dichter erfunden für seine Seele, und man besteht auf dem Wortlaut.
Aber diese Stadt ist nicht nur schlafbefangen und wehleidig und
traumhaft lautlos, sie ist auch stark und hart und voller Widerstand,
und man muß nur an das verblichen gespiegelte Venedig denken, um

zu merken, wie wach und ausgeschlafen hier die Spiegelbilder sind. Sie hat freilich Stunden, wo sie hinzuschwinden scheint, unaufhaltsam wie ein Wandgemälde unter den Flechten der Feuchtigkeit; aber wer sie so schildern würde, den könnte man widerlegen mit ganzen Tagen, in denen sie dasteht in ihren Feldern wie ein Schachspiel, Figur neben Figur, plastisch, klar und greifbar. Ihre Farben sind ausgegangen da und dort, aber das Muster ist überall deutlich erkennbar, und der Kanevas ist von der Festigkeit flandrischer Gewebe.

Flandern: mit diesem Namen steigen die Kontraste herauf, deren Äußerstes in dem Bilde Brügges sich zu begegnen scheint. Erst wer sie ins Auge faßt, in ihrer sich fast ausschließenden Gegensätzlichkeit, dem wird die Stadt mehr sein als ein Museum von Bildern und Spiegelbildern, durch das man ihn mit ein paar Erklärungen rasch hingeführt hat. Aber Brügge ist die schwerste Aufgabe, und die modernen Seebäder bereiten nicht darauf vor, ihre Widersprüche zu bewältigen. Nicht von Ostende müßte man hinkommen, eilig und in der Voreingenommenheit des Sehenswerten, sondern langsam, das Land entlang, aus einer der alten kleinen Städte, aus Dixmude oder aus Ypern, mit seinen gewaltigen Handelsreihn, oder aus der Stadt Furnes, die am leichtesten zu erreichen ist von der belgischen Küste aus.

Begreift man nicht besser die Grand' Place Brügges, wenn man innerlich schon ausgedehnt ist durch den ungeheueren Hauptplatz von Furnes, an den die Stadt sich ganz ausgegeben hat – wie es scheint – über ihn hinaus nur noch einen Platz bildend und Gassenanfänge nach allen Seiten, die es zu nichts bringen? Erwartet man nicht schon Brügges berühmten Glockenturm steigen zu sehen, wenn man die Maßlosigkeit flandrischer Türme in Furnes kennen gelernt hat, die über die Giebel hinausgehen, als gehörten sie in den Himmel? Und ist es nicht nützlich – wie man es in Furnes, vor Sankt Walpurga kann – , die Erde schon einmal als den Grund des Himmels empfunden zu haben, auf dem die Wracks riesiger Kirchenschiffe liegen, leblos, in hundertjähriger Havarie? In Furnes lernt man, einzelner und übersichtlicher, die Einschläge unterscheiden, die die Architekturen dieses Landes (seine äußere wie seine innere) so verwirrend komplizieren konnten. Burgund und Spanien und Habsburg folgen und durchdringen sich und erscheinen doch immer wie in vlämischer Aussprache, wie bezwungen von der Mundart eines bäuerischen Mundes, der nicht zum Schweigen zu bringen war. Flandrisches Licht fällt durch die neuen

Fenster des Stadthauses auf die Fetzen der prunkhaften Korduantapeten, fast schadenfroh. Die Bilder der guten Statthalter stehen bürgerlich in Ehren, von den verhaßten hat man keine aufbewahrt. Das gemalte Wappen eines Fürner Adelsgeschlechtes, ein einziges, findet sich, vergessen, sehr hoch fortgehängt in einem der Säle. Neben diesen alten Staatsräumen sind Bureaus eingerichtet, die wie reinliche, wenig benutzte Postämter aussehen. Man sieht selten jemanden eintreten. Der enorme Platz nimmt fortwährend noch Zuflüsse von Leere auf, die aus allen Straßen in ihn münden. Der lange schräge »Apfelmarkt« nebenan hat einen spärlichen Verkehr, den die vielen Fenster zu zählen scheinen. Sein schmales Ende bildet schon an dieser Seite den Ausgang der Stadt, auf eine Art verlassenen Hafen zu und gegen klösterliche Obstgärten hin, deren Blätter so übertrieben deutlich sind, daß sie voll wie Früchte aussehen, jedes einzelne. Im Vorübergehen hat man die alten Kirchenportale bemerkt, das von Sankt Nikolas, halb versunken, wie in die Erde hineingedrängt von dem Druck des stumpfen Turmes, und drüben das zu Sankt Walpurga gehörige, weit vor der Kirche, in der Gefangenschaft des Verfalls allein im Stiche gelassen wie eine tollkühne Vorhut.

Wer aber dieser Stille und diesem Absterben unbedingt glauben will, der muß nur veranlaßt werden, den letzten Sonntag im Juli abzuwarten, um seinen Irrtum einzusehen. Schon am Morgen dieses Tages ist nicht die Grand' Place vor ihm, die er kennt; es ist, als hätte sie plötzlich ein neues Mittel gefunden, um ihre Größe zu beweisen. Jahrmarktsbuden erfüllen sie jetzt, bis auf einen gassenbreiten, freien Rahmen, selber ein Netz von Gassen und kleinen Plätzen und Umwegen bildend, eine Stadt für sich, wie eine von jenen rasch errichteten hölzernen Städten, mit denen die Herzöge von Burgund fremde Fürsten in Erstaunen setzten. Aber diese Stadt bleibt verschlossen, mehr noch, sie hält sich zu, während die Glocken wie ein Wolkenbruch über sie niedergehen. Wenn es einmal still wird zwischendurch, hört man in den Gassen die Fahnen, als kämen Männer in Mänteln durch den Wind. Dabei sieht man fast niemanden gehen, nur Hingestellte da und dort, schwarz und nicht von der Stelle zu rücken. Das alles Verändert sich kaum stundenlang; und wächst schließlich, mit dem immer wieder einsetzenden Läuten, zu einer fast ängstlichen Erwartung an, auf die nur das Kommen und Durchgehen Fremder beruhigend wirkt. Gegen zwei Uhr haben diese Fremden, vermengt mit Einheimischen, den Hauptplatz

1008

1009

entlang und an der Ecke des spanischen Pavillons Reihen gebildet, Gassen, eine negative Form, in die sich, die viele Sonne vor sich herschiebend, auf einmal jener seltsame Umzug ergießt, den die Tradition der Stadt fast ohne Unterbrechung weitergegeben hat von Jahr zu Jahr, seit Jahrhunderten, seit immer. Der alte Gebrauch, daß an einem bestimmten Tage Bußbereite eine sichtbare Buße auf sich nehmen und tragen, entspricht zu sehr dem Bedürfnis dieses Volkes, das ein Gegengewicht zu seinen deutlichen Vergnügungen nötig hat, als daß er sich hätte auflösen und verlieren können.

Wie einst, so setzt sich auch heute noch dieser Zug aus Büßern und Darstellern zusammen, und da die Buße selbst ein Schauspiel ist, so gehen die beiden Rollen oft ineinander über und sind nicht genau zu unterscheiden. Der Gegenstand dieses, wie durch die Unruhe kriegerischer Zeiten in Bewegung gesetzten Dramas ist die Passion, die die Büßenden (durch die herabgeschlagenen Kapuze(n) der Kagulen unkenntlich) auf sich nehmen im wörtlichen Sinne, indem sie die alten bemalten und bekleideten Holzpuppen vier Stunden lang in der Stadt umhertragen, durch den drückenden langen Nachmittag, unter den Schlägen der Glocken, vor aller Augen. Die Puppen (spanisch-vlämische Skulpturen aus dem siebzehnten Jahrhundert), ganz erfüllt von dem monomanen, einseitigen Ausdruck ihrer Handlung und durch das Getragensein, das Hingesetzt- und Wiederaufgenommenwerden seltsam bewegt und beschäftigt scheinend, sind schwer zu übertreffende Mitspieler. Aber durch die natürliche Ähnlichkeit mit ihnen gelingt es den anderen, sich ebenso lebendig und überzeugend zu gebärden; dem einen »Christus« ist überdies durch das Recht, dreimal an genau bezeichneten Stellen unter dem Kreuze zusammenzubrechen, ein großer Vorsprung gegeben, und alle die anderen haben vor den Holzfiguren die Rede voraus, von der sie eifrig Gebrauch machen. Denn es geht über dem Ganzen ein alter Zusammenhang vlämischer Verse her, an die einzelnen Personen verteilt, denen das heilige Auseinandersetzen lang und deutlich wie ein Spruchband aus dem Munde hängt. Die Propheten natürlich sind vor allem davon angetan, jeder seine Verheißung hersagend und wieder hersagend, ganz am Anfang des Zuges. David, der unter ihnen schreitet, kommt noch einmal vor als Büßender, schweigend, das Bußkleid unter dem königlichen Mantel. Ein kleines Mädchen in einfach gegürtetem Kleid, einen Engel darstellend, geht, ihm zugewendet, vor ihm und erzählt seine Geschichte. Und immer wieder kommen diese keinen »Engel« und erzählen die Geschichten, die hinter ihnen folgen, ausführlich, mit der Deutlichkeit des Mittelalters restlos in Bilder übersetzt, in Gestalten, in Dinge, in nicht zu widerlegende Wirklichkeit.

Der Stall ist da, die Krippe und, unter Ochs und Esel, Josef und Maria im Gespräch, in das sich bei einer wiederholten Darstellung derselben Personen die heiligen Könige mischen; in einer dritten Besetzung gehen sie, übermäßig die Schmerzen beklagend, die das Kind durchzumachen hat, hinter der Beschneidung her und kommen gleich darauf auf der Flucht nach Ägypten in friedlicher Gruppe wieder vor. Der Hof des Herodes erscheint, Jesus unter den Gelehrten, denen ein Engel zuspricht, während sie selber streiten, Maria Magdalena mit gelöstem Haar unter schwarzen Schleiern, der Einzug in Jerusalem, ein Abendmahl, lebensgroß in Holz geschnitzt, voll eigentümlicher Neigung und Bewegung, der Ölberg, der Verrat, die Dornenkrönung. Immer mehr werden die kleinen hersagenden blonden »Engel« durch verhängte Büßer ersetzt, die stumm das Kreuz mit der beschämenden Aufschrift tragen, die eine Marter Christi anzeigt und ein Unrecht der Menschen. Und schließlich mischen sich in rostigen Kettenhemden Kriegsknechte unter sie, gehende und berittene, breitrückig und schlank, wie man sie aus den geschnitzten Altartafeln kennt, immer noch dieselben. Und man erinnert sich, daß eine alte volkstümliche Auslegung den Ursprung der Prozession auf das Sakrileg eines Soldaten zurückführt, der die heimlich im Munde mitgebrachte Hostie verbrannt haben soll, um durch ihre Asche unverwundbar zu werden.

Wie jede Maskerade, so ist auch diese ein Spiel mit dem Ernst; und wie bei einem Gartenfest da und dort manchmal ein Lampion sich entzündet und alle beim Anblick der Flamme einen Moment die Wirklichkeit sehen, drohend und voll Gefahr, so schlägt auch aus diesen Darstellungen oft unerwartet die tragische Größe der Handlung, und ihr Feuerschein geht über die Gesichter der Zuschauer. Und sie erkennen ganz hinten unter dem schwankenden Baldachin die Monstranz, der ganze Klerus nähert sich feierlich in den großen Ornaten, und vor ihm her, am Ende des Zuges, ziehen, wirr und aufgelöst, die nicht bei den Gruppen verwendeten Büßenden unter der Last großer leerer Kreuze. Die meisten kommen barfuß daher, man sieht ihre Füße und ihre Hände, aber die herabgelassenen Hauben verbergen sie doch auf eine seltsam spannende Art. Die Augenlöcher der Kapuzen geben ihnen einen verschiedenen Ausdruck; einige sind ausgeweitet wie alte

Knopflöcher, andere kaum aufgeschnitten, und bei einem sieht man überhaupt nur ein großes ausgefetztes Loch über dem Kinn, das ihm aber genügt, um sich zurechtzufinden. Erst meint man freilich, gerade diesen Büßern fehle es an Ernst und Haltung, wenn sie auf ihrem langen Wege das erste Mal vorüberkommen. Sie trügen – meint man – ihre Kreuze wie solche, denen das Tragen tägliche Arbeit ist, und die gewohnt sind, es sich so bequem wie möglich einzurichten. Aber je öfter man sie wiedersieht, den Zug überholend oder wiedererwartend, desto aufrichtiger und unüberlegter wird ihr Tragen, desto mehr kommt unter der vollen Sonne das Kreuz über sie, mit seinem ganzen Sich-schwermachen. Und schließlich, als sie zum letzten Mal auf den Platz einbiegen, rufen sie fast die Ungeduld der ermüdeten Zuschauer heraus durch die Langsamkeit ihrer Weiterbewegung, durch die großen Lücken, die bei dem mühseligen Zurückbleiben einzelner entstanden sind, durch ihr Ernstnehmen einer Sache, die nun zu Ende ist, und auf deren endlichen Abschluß Hunderte warten.

Und kaum ist der Klerus mit dem Allerheiligsten nach Sankt Nikolas hin abgebogen, schließt sich hinter den beiden berittenen Wachen die Menge mit einer solchen Heftigkeit, daß man an Gewässer denkt, die von allen Seiten in ihr altes Bett hineinstürzen und es drängend und brausend erfüllen. Es ist keine Unordnung oder Gesetzlosigkeit in dieser Bewegung, nur ein unaufhaltsames Besitzergreifen, das leise weiterwächst; und wer an einem Fenster steht, kann denken, daß das da unten dieselbe Masse ist, deren harten und kurzen Wellenschlag die burgundischen Herzöge mit so viel Beunruhigung beobachteten, von einem dieser Balkone aus.

Und nun ist es fast ein einziger Augenblick: dieser, in dem die Glocken stillstehen, als hätte sich einer ihnen entgegengeworfen und hätte sie gebändigt, und der, welcher wie auf ein Zeichen alle die Buden aufspringen macht, aus denen Licht und Geschrei herausdrängt in die beginnende Dämmerung.

Die Kermes fängt an, deutlich wie die Passion und voll Ernst und Vermummung wie sie. Da und dort steht noch einer im Bußhemd, die Kapuze zurückgeschlagen, mit ganz hell beschienenem Gesicht. Die Schreier stoßen ihre Verlockungen aus wie Schmähreden, Trommelwirbel sammeln sich wie auf einem Haufen, und schrille, kleine Glocken gießen fort, was sie an Lärm in sich haben. Die Tierstimmen aus den Schaubuden bleiben unvermischt und kommen an die Oberfläche aller Geräusche; abgerissene Stücke von Drehorgelmusik fallen 1014 irgendwo nieder und werden zertreten. Der Geruch des Fettes aus den Waffelküchen versucht nicht zurückzubleiben hinter den übrigen Sensationen, und die Karussells geraten immer mehr in Schwung, das elektrische mit seinen doppelt bewegten Schiffen und drüben das altmodische mit den Pferden in Ostereierfarben. Und immer mehr füllen sich die langen Bänke vor den Estaminets, füllen sich und werden nun vierzehn Tage nicht wieder kalt. Denn sie ist ausdauernd, diese robuste Lustigkeit, und ein Vorrat nicht anders aufzubrauchender Kräfte ist für sie da. Tanzanfänge bilden sich in den Ecken des Platzes. Schwere Gebärden werden aufgehoben wie Gewichte, freundliche und, probend, auch drohende, und das einfache Umfallen eines Ungeschickten oder Trunkenen findet immer noch wie auf alten vlämischen Bildern den ausgelassenen Beifall eines ganzen Kreises. Und alles ringsum ist von Nähe ausgefüllt; es giebt nur Deutliches, Nahes, Greifbares, so weit man sieht.

Erst wenn man den Platz verläßt und hinübergeht, auf die alte Hotellerie »de la Noble Rose« zu, erkennt man allmählich wieder Entferntes: die Türme, die so weit über das alles hinausreichen und doch mit dazu gehören. Denn selbst in dem Läuten da oben ist auch wieder beides, Buße und Kermes, für den, der läutet: auf einem kleinen Tritt des Gebälkes stehend, in fortwährender Gefahr die ungeheure Glocke erwartend, um sie mit dem Fuße zurückzustoßen, halb tanzend und halb im Kampf, mit ihr allein über dem dunklen Abgrund des Turmes 1015 und verschlungen von dem Sturm ihrer Stimme.

Die Bücher zum wirklichen Leben

Zuschrift an den Buchhändler Hugo Heller

Der kurzen Beantwortung Ihrer Rundfrage muß ich, um nicht unverständlich zu sein, eine Anmerkung von ganz persönlicher Art voranstellen.

Eine Reihe von Umständen ließ mich nie zu jener Leichtigkeit im Umgang mit Büchern kommen, die junge Leute sich in einer gewissen Zeit mühelos und fast wider ihren Willen aneignen. Noch jetzt sind meine Beziehungen zu Büchern nicht ohne Befangenheit und es kann geschehen, daß ich mich in großen Bibliotheken geradezu einer feindlichen Übermacht ausgeliefert fühle, gegen welche jede Gegenwehr eines einzelnen sinnlos wäre.

Jedenfalls hatte ich nur wenig und schlecht gelesen, als Jakob Wassermann mir im Jahre 1897 von »Niels Lyhne« sprach. Ich glaube, er nannte mir damals auch Turgenieff und Dostojewski. Letzterer ist mir später sehr wichtig geworden, als ich, durch sein Land und seine Sprache bis zum äußersten auf ihn vorbereitet, die »Armen Leute« las und wiederlas und schließlich einen Teil dieses ahnungslos genialen Buches übersetzte.

Aber das war zu einer Zeit, da ich schon »Niels Lyhne« gelesen hatte und alles, was von Jacobsen besteht. Ich weiß nicht zu sagen, woran ich diese Bücher erkannte; aber ich war entschlossen, mit ihnen zu leben, und nun, da Sie fragen, habe ich die Antwort leicht: Jacobsens schöne und unerschöpfliche Bücher sind es, die bestimmend auf mich gewirkt haben.

Natürlich sind unter den vielen, zum Teil anonym bleibenden Einflüssen, die ununterbrochen an uns arbeiten, auch andere Bücher gewesen. Ich nenne sie nicht, denn in demselben Maße, in dem sie auf mich wirkten, wiesen sie mich auch schon, über sich fort, an die Natur, seit die Dichtungen des großen Dänen mir diesen Weg eröffnet hatten. Um so mehr Grund habe ich, sie allein hier anzuführen. Denn ihnen zuerst verdanke ich die Bereitschaft zu unwählerischem Schauen und die Entschlossenheit, zu bewundern; und sie stützen in mir, seit ich sie liebe, die innere Gewißheit, daß es auch noch für das Leiseste und Unfaßbarste in uns in der Natur sinnliche Äquivalente giebt, die sich müssen finden lassen. Die Bibel hat erst später auf mich gewirkt und eines Tages, plötzlich: Ibsen.

Über den Dichter

Ein Mal, in einem schönen Gleichnis, ward mir das Verhältnis des Dichters im Bestehenden, sein »Sinn« vorgehalten. Das war auf der großen Segelbarke, mit der wir von der Insel Philae nach den ausgedehnten Stau-Anlagen hinüberfuhren. Es ging zuerst den Strom hinauf, die Ruderer mußten sich Mühe geben. Ich hatte sie alle gegen mir über, sechzehn, wenn ich mich recht entsinne, je vier in einer Reihe, immer zwei am rechten, zwei am linken Ruder. Gelegentlich begegnete man dem Blick des einen oder andern, meistens aber war in ihren Augen kein Schauen, sie standen offen in die Luft, oder sie waren eben nur die Stellen, wo das heiße Innere dieser Burschen, um das die metallischen Körper sich spannten, frei lag. Zuweilen, aufschauend, überraschte man dennoch einen, der in voller Nachdenklichkeit über einem brütete, als stellte er sich Situationen vor, in denen diese fremde verkleidete Erscheinung sich ihm enträtseln könnte; entdeckt, verlor er fast sofort den mühsam vertieften Ausdruck, war einen Moment mit allen Gefühlen im Schwanken, sammelte sich so rasch es ging in einem wachsamen Tierblick, bis der schöne Ernst seines Gesichts gewohnheitsmäßig in das albere Bakschischgesicht überging und in die törichte Bereitschaft, sich zum Dank nach Belieben zu entstellen und herabzusetzen. Doch ging mit dieser Erniedrigung, die die Reisenden seit lange auf dem Gewissen haben, meistens auch schon die dazu gehörige Rache vor sich, indem er selten unterließ, über den Fremden 1032 fort einen Blick bösen Hasses hinüberzuheben, der aufleuchtete von einem Einverständnis, das er jenseits mußte gefunden haben. Ich haue den Alten schon mehrere Male beobachtet, der dort, auf dem Schiffshinterteil, hockte. Seine Hände und Füße waren aufs vertraulichste nebeneinander gekommen, und zwischen ihnen ging, gelenkt und aufgehalten, die Stange des Steuers hin und her und hatte Bewandtnis. Der Körper, in dem zerfetzten schmutzigen Kleide, war nicht der Rede wert, das Gesicht unter dem verkommenen Turbantuch in sich zusammengeschoben wie die Stücke eines Fernrohrs, so flach, daß die Augen davon zu triefen schienen. Gott weiß, was in ihm steckte, er sah aus, als könnte er einen in etwas Widerwärtiges verwandeln; ich hätte ihn gern genau ins Auge gefaßt, aber wenn ich mich umdrehte, hatte ich ihn so nah wie mein eigenes Ohr, und es war mir zu auffallend, ihn aus solcher Nähe zu untersuchen. Auch war das Schauspiel des breit auf uns zukommenden Flusses, der schöne, gleichsam fortwährend zukünftige Raum, in den wir uns eindrängten, der ununterbrochenen Aufmerksamkeit so würdig und wohltuend, daß ich den Alten aufgab und dafür mit immer mehr Freude die Bewegungen der Knaben zu sehen lernte, die bei aller Heftigkeit und Anstrengung nicht an Ordnung verloren. Das Rudern war nun so gewaltig, daß die Knaben an den Enden der mächtigen Ruderstangen sich jedesmal im Ausholen ganz von den Sitzen abhoben und sich, ein Bein gegen die Vorderbank gestemmt, stark zurückwarfen, während die acht Ruderblätter sich unten in der Strömung durchsetzten. Dabei stießen sie eine Art Zählung aus, um im Takt zu bleiben, aber immer wieder nahm ihre Leistung sie so in Anspruch, daß keine Stimme übrig blieb; manchmal mußte so eine Pause einfach überstanden werden, zuweilen aber fügte es sich so, daß ein nicht abzusehender Eingriff, den wir alle auf das Besonderste empfanden, ihnen dann nicht nur rhythmisch zu Hülfe kam, sondern auch, wie man merken konnte, die Kräfte in ihnen gleichsam umwandte, so daß sie, erleichtert, neue, noch unverminderte Stellen Kraft in Gebrauch nahmen: ganz wie ein Kind, das sich hungrig über einen Apfel gemacht hat, strahlend von Neuem zu essen anfängt, wenn es entdeckt, daß die eine Seite, die es hielt, noch bis zur Schale ansteht.

Da kann ich ihn nun länger nicht verschweigen, den Mann, der gegen den rechten Rand zu vorne auf unserer Barke saß. Ich meinte schließlich, es vorzufühlen, wenn sein Gesang bevorstand, aber ich kann mich geirrt haben. Er sang aufeinmal auf, in durchaus unregelmäßigen Abständen und keineswegs immer, wenn die Erschöpfung um sich griff, im Gegenteil, es geschah mehr als ein Mal, daß sein Lied alle tüchtig fand oder geradezu übermütig, aber es war auch dann im Recht; es paßte auch dann. Ich weiß nicht, wie weit sich ihm die Verfassung unserer Mannschaft mitteilte, das alles war hinter ihm, er sah selten zurück und ohne ihn bestimmenden Eindruck. Was auf ihn

Einfluß zu haben schien, war die reine Bewegung, die in seinem Gefühl mit der offenen Ferne zusammentraf, an die er, halb entschlossen, halb melancholisch, hingegeben war. In ihm kam der Antrieb unseres Fahrzeugs und die Gewalt dessen, was uns entgegenging, fortwährend zum Ausgleich, – von Zeit zu Zeit sammelte sich ein Überschuß: dann sang er. Das Schiff bewältigte den Wider stand; er aber, der Zauberer, verwandelte Das, was nicht zu bewältigen war, in eine Folge langer schwebender Töne, die weder hierhin noch dorthin gehörten, und die jeder für sich in Anspruch nahm. Während seine Umgebung sich immer wieder mit dem greifbaren Nächsten einließ und es überwand, unterhielt seine Stimme die Beziehung zum Weitesten, knüpfte uns daran an, bis es uns zog.

Ich weiß nicht wie es geschah, aber plötzlich begriff ich in dieser Erscheinung die Lage des Dichters, seinen Platz und seine Wirkung innerhalb der Zeit, und daß man ihm ruhig alle Stellen streitig machen dürfte außer dieser. Dort aber müßte man ihn dulden.

Über den jungen Dichter

Anmerkung: Für den Verfasser war die vielfach beglückende Beschäftigung mit den Gedichten Franz Werfels gewissermaßen die Voraussetzung zu diesem Aufsatz. Es sei daher auf Werfels beide Bände Gedichte (*Der Weltfreund* und *Wir sind*) an dieser Stelle hingewiesen.

Immer noch zögernd, unter geliebten Erfahrungen überwiegende und geringere zu unterscheiden, bin ich auf ganz vorläufige Mittel beschränkt, wenn ich das Wesen eines Dichters zu beschreiben versuche: dieses ungeheuere und kindliche Wesen, welches (man faßt es nicht: wie) nicht allein in endgültigen großen Gestalten früher aufkam, nein, sich hier, neben uns, in dem Knaben vielleicht, der den großen Blick hebt und uns nicht sieht, gerade zusammenzieht, dieses Wesen, das junge Herzen, in einer Zeit, da sie des geringfügigsten Lebens noch unmächtig sind, überfällt, um sie mit Fähigkeiten und Beziehungen zu erfüllen, die sofort über alles Erwerbbare eines ganzen Daseins hinausgehn; ja, wer wäre imstand von diesem Wesen ruhig zu reden? Wäre es noch an dem, daß es nicht mehr vorkäme, daß wir es absehen dürften an den Gedichten Homers, hinausgerückt, in seiner unwahrscheinlichen Erscheinung: wir würden es allmählig in eine Fassung bringen, wir würden ihm Namen geben und Verlauf, wie den anderen Dingen der Vorzeit; denn was anderes als Vorzeit bricht aus in den mit solchen Gewalten bestürzten Herzen. Hier unter uns, in dieser vielfältig heutigen Stadt, in jenem redlich beschäftigten Haus, unter dem Lärm der Fahrzeuge und Fabriken und während die Zeitungen ausgerufen werden, geräumige Blätter bis an den Rand voll Ereignis, ist plötzlich, wer weiß, alle Anstrengung, aller Eifer, alle Kraft überwogen durch den Auftritt der Titanen in einem unmündigen Innern. Nichts spricht dafür als die Kälte einer Knabenhand; nichts als ein erschrocken zurückgenommener Aufblick; nichts als die Teilnahmslosigkeit dieses jungen Menschen, der mit seinen Brüdern nicht spricht und, so bald es geht, von den Mahlzeiten aufsteht, die ihn viel zu lang dem Urteil seiner Familie ausstellen. Kaum daß er weiß, ob er noch zur Mutter gehört: so weit sind alle Maaße seines Fühlens verschoben, seit dem Einbruch der Elemente in sein unendliches Herz.

1046

O ihr Mütter der Dichter. Ihr Lieblingsplätze der Götter, in deren Schooß schon muß das Unerhörte verabredet worden sein. Hörtet ihr Stimmen in der Tiefe eurer Empfängnis, oder haben die Göttlichen sich nur mit Zeichen verständigt?

Ich weiß nicht, wie man das völlig Wunderbare einer Welt leugnen kann, in der die Zunahme des Berechneten die Vorräte dessen, was über jedes Absehn hinausgeht, noch gar nicht einmal angegriffen hat. Es ist wahr, die Götter haben keine Gelegenheit verschmäht, uns bloßzustellen: sie ließen uns die großen Könige Ägyptens aufdecken in ihren Grabkammern, und wir konnten sie sehen in ihren natürlichen Verwesungen, wie ihnen nichts erspart geblieben war. Alle die äußersten Leistungen jener Bauwerke und Malereien haben zu nichts geführt; hinter dem Qualm der Balsamküchen ward kein Himmel erheitert, und der tönernen Brote und Beischläferinnen hat sich kein unterweltlicher Schwarm scheinbar bedient. Wer bedenkt, welche Fülle reinster und gewaltigster Vorstellungen hier (und immer wieder) von den unbegreiflichen Wesen, an die sie angewandt waren, abgelehnt und verleugnet worden ist, wie möchte der nicht zittern für unsere größere Zukunft. Aber bedenke er auch, was das menschliche Herz wäre, wenn außerhalb seiner, draußen, an irgend einem Platze der Welt Gewißheit entstünde; letzte Gewißheit. Wie es mit einem Schlage seine ganze in Jahrtausenden angewachsene Spannung verlöre, eine zwar immer noch rühmliche Stelle bliebe, aber eine, von der man heimlich erzählte, was sie vor Zeiten gewesen sei. Denn wahrlich, auch die Größe der Götter hängt an ihrer Not: daran, daß sie, was man ihnen auch für Gehäuse behüte, nirgends in Sicherheit sind, als in unserem Herzen. Dorthin stürzen sie oft aus dem Schlaf mit noch ungesonderten Plänen; dort kommen sie ernst und beratend zusammen; dort wird ihr Beschluß unaufhaltsam.

Was wollen alle Enttäuschungen besagen, alle unbefriedigten Grabstätten, alle entkernten Tempel, wenn hier, neben mir, in einem auf einmal verfinsterten Jüngling Gott zur Besinnung kommt. Seine Eltern sehen noch keine Zukunft für ihn, seine Lehrer glauben seiner Unlust auf der Spur zu sein, sein eigener Geist macht ihm die Welt ungenau, und sein Tod versucht schon immer an ihm, wo er am besten zu brechen sei; aber so groß ist die Unüberlegtheit des Himmlischen, daß es in dieses unverläßliche Gefäß seine Ströme ergießt. Vor einer Stunde noch vermochte der flüchtigste Aufblick der Mutter dieses Wesen zu umfassen; nun ermäße sie's nicht: und wenn sie Auferstehung und Engelsturz zusammennimmt.

*

Wie aber kann ein neues Geschöpf, das noch kaum seine eigenen Hände kennt, unerfahren in seiner Natur, Neuling in den gewöhnlichsten Wendungen seines Geistes, sich bei so unerhörter Anwesenheit einrichten? Wie soll es, das doch offenbar bestimmt ist, später von der präzisesten Beschaffenheit zu sein, seine Ausbildung leisten, zwischen Drohungen und Verwöhnungen, die beide seine unvorbereiteten Kräfte, bis zum letzten Aufgebot, übersteigen? Und nicht nur daß der Ausbruch der Größe in seinem Innern ihm die heroische Landschaft seines Gefühls fast ungangbar macht: in demselben Maße, als dort seine Natur überhand nimmt, gewahrt er, aufblickend, mißtrauische Fragen, bittre Forderungen und Neugier in den bisher in Sicherheit geliebten Gesichtern. Dürfte doch ein Knabe in solcher Lage immer noch fortgehn, hinaus, und ein Hirte sein. Dürfte er seine verwirrten inneren Gegenstände in langen sprachlosen Tagen und Nächten bereichern um den staunend erfahrenen Raum; dürfte er die gedrängten Bilder in seiner Seele gleichsetzen dem verbreiteten Gestirn. Ach, daß doch niemand ihm zuredete und niemand ihm widerspräche. Wollt ihr wirklich *Diesen* beschäftigen, diesen maaßlos in Anspruch Genommenen, dem, vor der Zeit, ein unerschöfliches Wesen zu tun giebt? 1049

Kann man sich erklären, wie er besteht? Die ihn plötzlich bewohnende Macht findet Verkehr und Verwandtschaft bei seiner, noch in allen Winkeln des Herzens zögernden Kindheit; da zeigt es sich erst, nach was für ungeheueren Verhältnissen hin, dieser äußerlich so unzulängliche Zustand, innen offensteht. Der unverhältnismäßige Geist, der im Bewußtsein des Jünglings nicht Platz hat, schwebt da über einer entwickelten Unterwelt voller Freuden und Furchtbarkeiten. Aus ihr allein, absehend von der ganzen jenseitig-äußeren Kreatur, vermöchte er seine gewaltigen Absichten zu bestreiten. Aber da lockt es ihn auch schon, durch die rein leitenden Sinne des Ergriffenen mit der vorhandenen Welt zu verhandeln. Und wie er innen an das verborgen Mächtigste seinen Anschluß hat, so wird er im Sichtbaren schnell und genau von kleinen winkenden Anlässen bedient: widerspräche es doch der verschwiegenen Natur, in dem Verständigten das Bedeutende anders als unscheinbar aufzuregen.

Wer die frühen Kleistischen Briefe liest, dem wird, in demselben Grade, als er diese in Gewittern sich aufklärende Erscheinung begreift, die Stelle nicht unwichtig sein, die von dem Gewölb eines gewissen Tores in Würzburg handelt, einem der zeitigsten Eindrücke, an dem, leise berührt, die schon gespannte Genialität sich nach außen schlägt. Irgend ein nachdenklicher Leser Stifters (um noch ein Beispiel vorzustellen) könnte es bei sich zur Vermutung bringen, daß diesem dichterischen Erzähler sein innerer Beruf in dem Augenblick unvermeidlich geworden sei, da er, eines unvergeßlichen Tages, zuerst durch ein Fernrohr einen äußerst entlegenen Punkt der Landschaft herbeizuziehen suchte und nun, in völlig bestürzter Vision, ein Flüchten von Räumen, von Wolken, von Gegenständen erfuhr, einen Schrecken von solchem Reichtum, daß in diesen Sekunden sein offen überraschtes Gemüt Welt empfing, wie die Danaë den ergossenen Zeus.

Es möchte am Ende jede dichterische Entschlossenheit an so nebensächlichen Anlässen unerwartet zu sich gekommen sein, nicht allein, da sie zum ersten Mal sich eines Temperamentes bemächtigte, sondern immer wieder, an jeder Wendung einer künstlerisch sich vollziehenden Natur.

Wer nennt euch alle, ihr Mitschuldigen der Begeisterung, die ihr nichts als Geräusche seid, oder Glocken, die aufhören, oder wunderlich neue Vogelstimmen im vernachlässigten Gehölz. Oder Glanz, den ein aufgehendes Fenster hinauswirft in den schwebenden Morgen; oder abstürzendes Wasser; oder Luft; oder Blicke. Zufällige Blicke Vorübergehender, Aufblicke von Frauen, die am Fenster nähen, bis herunter zum unsäglich besorgten Umschaun hockender bemühter Hunde, so nahe am Ausdruck der Schulkinder. Welche Verabredung, Größe hervorzurufen, geht durch den kleinlichsten Alltag. Vorgänge, so gleichgültig, daß sie nicht imstande wären, das nachgiebigste Schicksal um ein Zehntausendstel zu verschieben –, siehe: hier winken sie, und die göttliche Zeile tritt über sie fort ins Ewige.

Gewiß wird der Dichter bei zunehmender Einsicht in seine grenzenlosen Aufgaben sich an das Größte anschließen; es wird ihn, wo er es findet, entzücken oder demütigen, nach seiner Willkür. Aber das Zeichen zum Aufstand in seinem Herzen wird willig von einem Boten gegeben sein, der nicht weiß, was er tut. Undenkbar ist es für ihn, sich von vornherein nach dem Großen auszurichten, da er ja gerade bestimmt ist, an ihm, seinem allgegenwärtigen Ziele, auf noch unbeschreiblich eigenen Wegen herauszutreten. Und wie, eigentlich, sollte es ihm zuerst kenntlich geworden sein, da es in seiner ursprünglichen Umwelt vielleicht nur vermummt, sich verstellend oder verachtet vorkam, gleich jenem Heiligen, im Zwischenraum unter der Treppe wohnend? Läge es aber einmal vor ihm, offenkundig, in seiner sichern, auf uns nicht Rücksicht nehmenden Herrlichkeit, – müßte er dann nicht wie Petrarca vor den zahllosen Aussichten des erstiegenen Berges zurück in die Schluchten seiner Seele flüchten, die, ob er sie gleich nie erforschen wird, ihm doch unaussprechlich näher gehn als jene zur Not erfahrbare Fremde.

Erschreckt im Innern durch das ferne Donnern des Gottes, von außen bestürzt durch ein unaufhaltsames Übermaß von Erscheinung, hat der gewaltig Behandelte eben nur Raum, auf dem Streifen zwischen beiden Welten dazustehn, bis ihm, aufeinmal, ein unbeteiligtes kleines Geschehn seinen ungeheuren Zustand mit Unschuld überflutet. Dieses ist der Augenblick, der in die Waage, auf deren einer Schale sein von unendlichen Verantwortungen überladenes Herz ruht, zu erhaben beruhigter Gleiche, das große Gedicht legt.

1052

*

Das große Gedicht. Wie ich es sage, wird mir klar, daß ich es, bis vor Kurzem, als ein durchaus Seiendes hingenommen habe, es jedem Verdacht der Entstehung hochhin entziehend. Wäre mir selbst der Urheber dahinter hervorgetreten, ich wüßte mir doch die Kraft nicht vorzustellen, die soviel Schweigen auf *ein* Mal gebrochen hat. Wie die Erbauer der Kathedralen, Samenkörnern vergleichbar, sofort aufgegangen waren, ohne Rest, in Wachstum und Blüte, in dem schon wie von jeher gewesenen Dastehn ihrer, aus ihnen nicht mehr erklärlichen Werke: so sind mir die großen vergangenen und die gegenwärtigen Dichter rein unfaßlich geblieben, jeder einzelne ersetzt durch den Turm und die Glocke seines Herzes. Erst seit eine nächste, herauf und gleich ins Künftige drängende Jugend, ihr eigenes Werden im Werden ihrer Gedichte nicht unbedeutend zur Geltung bringt, versucht mein Blick, neben der Leistung, die Verhältnisse des hervorbringenden Gemüts zu erkennen. Aber auch jetzt noch, da ich zugeben muß, daß Gedichte sich bilden, bin ich weit entfernt, sie für erfunden zu halten; vielmehr erscheint es mir, als ob in der Seele des dichterisch Ergriffenen eine geistige Prädisposition herausträte, die schon zwischen uns (wie ein unentdecktes Sternbild) gespannt war.

1053 Betrachtet man, was an schöner Verwirklichung schon jetzt für einige von denjenigen einsteht, die ihr drittes Jahrzehnt kürzlich angetreten haben, so könnte man fast hoffen, sie würden in kurzem, alles, woran in den letzten dreißig Jahren unsere Bewunderung groß geworden ist, durch das Vollzieherische ihrer Arbeit zur Vorarbeit machen. Es müssen, das ist klar, die verschiedensten Umstände sich günstig verabreden, damit ein solches entschlossenes Gelingen möglich sei. Prüft man diese Umstände, so sind der äußeren so viele, daß man es am Ende aufgiebt, bis zu den innerlichen vorzudringen. Die gereizte Neugier und unaufhörliche Findigkeit einer, um hundert Hemmungen freieren Zeit dringt in alle Verstecke des Geistes und hebt leicht auf ihren Fluten Gebilde hervor, die der Einzelne, in dem sie hafteten, früher langsam und schwer zu Tage grub. Zu geübt im Einsehen um sich aufzuhalten, findet sich diese Zeit plötzlich an Binnenstellen, wo vielleicht noch keine ohne göttlichen Vorwand, in voller Öffentlichkeit, gewesen war; überall eintretend, macht sie die Werkstätten zu Schauplätzen und hat nichts dagegen, in den Vorratskammern ihre Mahlzeiten zu halten. Sie mag im Recht sein, denn sie kommt aus der Zukunft. Sie beschäftigt uns in einer Weise, wie seit lange keine Zeit ihre Ansiedler beschäftigt hat; sie rückt und verschiebt und räumt auf, jeder von uns hat ihr viel zu verdanken. Und doch, wer hat ihr noch nicht, wenigstens einen Augenblick, mit Mißtrauen zugesehen; sich gefragt, ob es ihr wirklich um Fruchtbarkeit zu tun sei, oder nur um eine mechanisch bessere und erschöpfendere Ausbeutung der Seele? Sie verwirrt

1054 uns mit immer neuen Sichtbarkeiten; aber wie vieles hat sie uns schon hingestellt, wofür in unserem Innern kein Fortschritt entsprechend war? Nun will ich zwar annehmen, sie böte zugleich der entschlossenen Jugend die unerwartetsten Mittel, ihre reinsten inneren Wirklichkeiten nach und nach, sichtbar, in genauen Gegenwerten auszuformen; ja ich will glauben, sie besäße diese Mittel im höchsten Grade. Aber wie ich mich nun bereit halte, ihr, der Zeit, manchen neuen künstlerischen Gewinn zuzuschreiben, schlägt mir die Bewunderung über sie hinüber, den immer, den auch hier wieder unbegreiflichen Gedichten entgegen.

Wäre auch nicht Einer unter den jungen Dichtern, der sich nicht freute, das Gewagte und Gesteigerte dieser Tage für seine Anschauung auszunutzen, ich würde doch nicht fürchten, daß ich das dichterische Wesen und seine Einrichtung in der inneren Natur zu schwer genommen habe. Alle Erleichterungen, wie eindringlich sie sein mögen, wirken nicht bis dorthin, wo das Schwere sich freut, schwer zu sein. Was kann schließlich die Lage desjenigen verändern, der von früh auf bestimmt ist, in seinem Herzen das Äußerste aufzuregen, das die anderen in den ihren hinhalten und beschwichtigen? Und welcher Friede wäre wohl für ihn zu schließen, wenn er, innen, unter dem Angriff seines Gottes 1055 steht.

Puppen

Zu den Wachs-Puppen von Lotte Pritzel

Um den Umkreis zu bestimmen, in den die Existenz dieser Puppen fällt, könnte man von ihnen vermuten, daß es ihrem Dasein gegenüber keine Kinder giebt, dies wäre gewissermaßen die Vorbedingung ihres Entstehens gewesen, daß die Welt der Kinder vorüber sei. In ihnen ist die Puppe endlich dem Einsehen, der Teilnehmung, der Lust und dem Kummer des Kindes entwachsen, sie ist selbständig, sie ist groß geworden, frühalt, sie hat alle Unwirklichkeiten ihres eigenen Lebens angetreten. 1063

Wie bei gewissen Studenten, hat man sich nicht auch vor den dicken unveränderlichen Kinderpuppen tausendmal gefragt, was später aus ihnen würde? Sind nun hier die Erwachsenen zu jenen, von echten und gespielten Gefühlen überpflegten Puppen-Kindheiten? Sind hier ihre, in menschlich übersättigte Luft flüchtig hineingespiegelten Früchte? Die Scheinfrüchte, deren Keime nie zu Ruhe kamen, bald von Tränen fast fortgewaschen, bald der glühenden Dürre der Wut ausgesetzt, oder der Öde des Vergessenseins; eingepflanzt in die weichste Tiefe einer sich maßlos versuchenden Zärtlichkeit und hundertmal wieder herausgerissen, in einen Winkel geschleudert zu kantigen, zerbrochenen Dingen, verschmäht, verachtet, abgetan.

Ernährt mit Scheinspeise wie der »Ka«, das Wirkliche, wo's ihnen durchaus sollte beigebracht werden, verwöhnt an sich verschmierend, undurchdringlich und in dem äußersten Zustand von vorweggenommener Dickigkeit unfähig, auch nur einen Tropfen Wasser an irgend einer Stelle einzunehmen; ohne eigenes Urteil, nachgiebig gegen jeden Lappen und doch, wenn er einmal angeeignet war, ihn auf eine besondere Art besitzend, nachlässig, selbstgefällig, unrein; nur im Augenaufschlag einen Moment wach, dann sofort mit den unverhältnismäßigen berührbaren Augen offen hinschlafend, wohl kaum imstande zu unterscheiden, ob das mechanische Lid auf ihnen liegt, oder jener andere Gegenstand, die Luft; träge: hingeschleift durch die wechselnden Emotionen des Tages, in jeder liegen bleibend; wie ein Hund zum Mitwisser gemacht, zum Mitschuldigen, aber nicht wie er empfänglich und vergeßlich, sondern eine Last in beidem; eingeweiht in die ersten namenlosen Erfahrungen ihrer Eigentümer, in ihren frühesten unheimlichen Einsamkeiten herumliegend wie mitten in leeren Zimmern, als ob es nur gälte, das neue Geräumige mit allen Gliedern grob auszunutzen, – mitgezogen in die Gitterbetten, verschleppt in die schweren Falten der Krankheiten, in den Träumen vorkommend, verwickelt in die Verhängnisse der Fiebernächte: so waren jene Puppen. Denn sie selber bemühten sich nie in alledem; lagen dann vielmehr da am Rande des Kinderschlafs, erfüllt höchstens von dem rudimentären Gedanken des Hinunterfallens, sich träumen *lassend;* wie sie's gewohnt waren, am Tag mit fremden Kräften unermüdlich gelebt zu sein.

*

Wenn man überlegt, wie dankbar Dinge sonst für Zärtlichkeiten sind, wie sie unter ihnen sich erholen, ja wie ihnen (wenn man sie nur liebt) selbst die härteste Abnutzung noch als eine zehrende Liebkosung anschlägt, unter der sie zwar schwinden, aber gleichsam ein Herz annehmen, das sie um so stärker durchdringt, jemehr ihr Körper nachgibt (: fast werden sie dadurch in einem höheren Sinne sterblich und können jene Wehmut mit uns teilen, die unsere größte ist –); wenn man dies überlegt und sich erinnert, welche feinfühlige Schönheit gewisse Dinge sich anzueignen wußten, die ins menschliche Leben ausführlich und innig einbegriffen waren, ich meine da nicht einmal, daß es nötig sei, in Madrid, durch die Säle der Armeria zu gehen und die Rüstungen, Helme, Dolche und Doppelhänder anzustaunen, in denen die reine kluge Kunst des Harnischfegers unendlich übertroffen wurde durch ein Etwas, das der stolze und feurige Gebrauch diesem Gewaffen hinzufügte; ich denke nicht an das Lächeln und Verweintsein im Innern oft getragener Steine, ich wage nicht, an eine gewisse Perle zu denken, in der das Ungewisse ihrer Unterwasserwelt zu so geistiger Bedeutung gesteigert war, daß die ganze Unkenntlichkeit des Schicksals in ihrem schuldlosen Tropfen sich zu beklagen schien; ich überspringe das Innige, das Rührende, das verlassen Nachdenkliche von vielen Dingen, die mich durch ihr schönes Eingewöhntsein ins Menschliche, da ich vorüberging, erschüttert haben; nur ganz einfache möcht ich rasch aufrufen: einen Nähstock, ein Spinnrad, einen häuslichen Webstuhl; einen Brauthandschuh, eine Tasse, den Einband und die Blätter einer Bibel; nicht zu reden von dem großen Willen eines Hammers, von der Hingebung einer Geige, von dem gutmütigen Eifer einer Hornbrille –, ja wirf nur jenes Spiel Karten auf den Tisch, mit dem so oft Patiencen gelegt worden sind, schon steht er im Mittelpunkt weher, längst anders überholter Hoffnungen. Wenn man sich dieses alles gegenwärtig machte und man fände im selben Augenblicke – sie unter einem Haufen teilnahmsvollerer Dinge hervorziehend – eine unserer Puppen: sie würde uns fast empören durch ihre schreckliche dicke Vergeßlichkeit, der Haß, der, unbewußt, sicher immer einen Teil unserer Beziehungen zu ihr ausmachte, schlüge nach oben, entlarvt läge sie vor uns da, als der grausige Fremdkörper, an den wir unsere lauterste Wärme verschwendet haben; als die oberflächlich bemalte Wasserleiche, die sich von den Überschwemmungen unserer Zärtlichkeit heben und tragen ließ, bis wir wieder trocken wurden und sie in irgend einem Gestrüpp vergaßen. Ich weiß, ich weiß, wir mußten solche Dinge haben, die sich alles gefallen ließen. Der einfachste Verkehr der Liebe ging schon über unsere Begriffe hinaus, mit einer Person, die etwas *war*, konnten wir unmöglich leben und handeln, wir konnten uns höchstens in sie hineindrücken und in ihr verlorengehen. Der Puppe gegenüber waren wir gezwungen, uns zu behaupten, denn wenn wir uns an sie aufgaben, so war überhaupt niemand mehr da. Sie erwiderte nichts, so kamen wir in die Lage, für sie Leistungen zu übernehmen, unser allmählich breiteres Wesen zu spalten in Teil und Gegenteil, uns gewissermaßen durch sie die Welt, die unabgegrenzt in uns überging, vom Leibe zu halten. Wie in einem Probierglas mischten wir in ihr, was uns unkenntlich widerfuhr, und sahen es dort sich färben und aufkochen. Das heißt, auch das *erfanden* wir wieder, sie war so bodenlos ohne Phantasie, daß unsere Einbildung an ihr unerschöpflich wurde. Stundenlang, ganze Wochen mochte es uns befriedigen, an diesem stillhaltenden Mannequin die erste flaumige Seide unseres Herzens in Falten zu legen, aber ich kann mir nicht anders vorstellen, als daß es gewisse zu lange Nachmittage gab, in denen unsere doppelten Einfälle ermüdeten und wir ihr plötzlich gegenüber saßen und etwas von ihr erwarteten. Möglicherweise lag dann eines von jenen Dingen in der Nähe, die von Natur häßlich und dürftig und deshalb voll eigener Ansichten waren, der Kopf eines Kaspers, der nicht umzubringen war, ein halbzerbrochenes Pferd, oder etwas was Lärm machte und es ohnehin kaum erwarten konnte, uns und diese ganze Stube mit allen Kräften zu übertönen. Aber wenn nicht; wenn nichts dalag und uns auf andere Gedanken brachte, wenn jenes beschäftigungslose Geschöpf fortfuhr, sich schwer und dumm zu spreizen, wie eine bäuerische Danaë nichts anderes kennend, als den unaufhörlichen Goldregen unserer Erfindung: ich wollte, ich könnte mich entsinnen, ob wir dann aufbegehrten, auffuhren und dem Ungeheuer zu verstehen gaben, daß unsere Geduld zu Ende wäre? Ob wir dann nicht, zitternd vor Wut, vor ihr standen und wissen wollten, Posten für Posten, wofür sie unsere Wärme eigentlich gebrauche, was aus diesem ganzen Vermögen geworden sei? – Dann schwieg sie, nicht aus Überlegenheit, schwieg, weil das ihre ständige Ausrede war, weil sie aus einem nichtsnutzigen, völlig unzurechnungsfähigen Stoffe bestand, – schwieg und kam nicht einmal auf den Gedanken, sich darauf etwas zugute zu tun, ob es ihr gleich zu großer Bedeutung verhelfen mußte in einer Welt, in der das Schicksal, ja Gott selber, vor allem dadurch berühmt geworden sind, daß sie uns anschweigen. Zu einer Zeit, wo noch alle bemüht waren, uns immer rasch und beschwichtigend zu antworten, war sie, die Puppe, die erste, die uns jenes überlebensgroße Schweigen antat, das uns später immer wieder aus dem Raume anhauchte, wenn wir irgendwo an die Grenze unseres Daseins traten. Ihr gegenüber, da sie uns anstarrte, erfuhren wir zuerst (oder irr ich mich?) jenes Hohle im Gefühl, jene Herzpause, in der einer verginge, wenn ihn dann nicht die ganze, sanft weitergehende Natur, wie ein Lebloses, über Abgründe hinüberhübe. Sind wir nicht wunderliche Geschöpfe, daß wir uns gehen und anleiten lassen, unsere erste Neigung dort anzulegen, wo sie aussichtslos bleibt? So daß überall in den Geschmack jener unüberlegtesten Zärtlichkeit die Bitternis sich verteilte, daß sie vergeblich war? Wer weiß, ob nicht mancher später draußen im Leben aus solchen Erinnerungen den Verdacht nimmt, daß er nicht zu lieben sei? Ob nicht in dem und jenem seine Puppe heillos weiterwirkt, so daß er hinter vagen Befriedigungen her ist, einfach aus Widerspruch gegen das Unbefriedigtsein, mit dem sie sein Gemüt verdorben hat? – Ich entsinne mich, auf dem Herrenhaus eines abgelegenen russischen Gutes, in den Händen der Kinder, eine alte ererbte Puppe gesehen zu haben, der die ganze Familie ähnlich sah. – Es könnte ein Dichter unter die Herrschaft einer Marionette geraten, denn die Marionette hat nichts als Phantasie. Die Puppe hat keine und ist genau um so viel weniger als ein Ding, als die Marionette mehr ist. Aber dieses Weniger-sein-als-ein-Ding, in seiner ganzen Unheilbarkeit, enthält das Geheimnis ihres Übergewichts. An die Dinge muß sich das Kind gewöhnen, es muß sie hinnehmen, jedes Ding hat seinen Stolz. Die Dinge dulden die Puppe, keines liebt sie, man könnte meinen, der Tisch wirft sie ab, kaum sieht man fort, liegt sie schon wieder auf dem Fußboden. Anfänger der Welt, die wir waren, konnten wir über nichts überlegen sein, als höchstens über einen solchen halben Gegenstand, der uns hingelegt worden war, wie man den Tieren in den Aquarien einen Scherben hinlegt, damit sie an ihm ein Maß und Kennzeichen ihrer Umwelt fänden. Wir orientierten uns an der Puppe. Sie lag tiefer von Natur, so konnten wir unmerklich gegen sie abfließen, uns in ihr sammeln und, wenn auch ein wenig trübe, die neuen Umgebungen in ihr erkennen. Aber wir begriffen bald, daß wir sie weder zu einem Ding noch zu einem Menschen machen konnten, und in solchen Momenten wurde sie uns zu einem Unbekannten, und alles Vertrauliche, womit wir sie erfüllt und überschüttet hatten, wurde uns unbekannt in ihr.

Daß wir dich aber dann doch nicht zum Götzen machten, du Balg, und nicht in der Furcht zu dir untergingen, das lag daran, will ich dir sagen, daß wir *dich* gar nicht meinten. Wir meinten etwas ganz anderes, Unsichtbares, das wir über dich und uns, heimlich und ahnungsvoll, hinaushielten, und wofür wir beide gleichsam nur Vorwände waren, eine Seele meinten wir: die Puppenseele.

*

Grosse mutige Seele des Schaukelpferds, du Wellenbadschaukel des Knabenherzens, die die Spielzimmerluft aufregte, daß sie wie über den

berühmten Schlachtfeldern der Erde sich überschlug, stolze, glaubwürdige, fast sichtbare Seele. Wie du die Mauern, die Fensterkreuze, die
täglichen Horizonte zum Schwanken brachtest, als rüttelten schon die
Stürme der Zukunft an diesen überaus vorläufigen Übereinkünften,
die im Anstehn der Nachmittage etwas so Unüberwindliches annehmen
konnten. Ach wie rissest du einen, Schaukelpferdseele, hinaus und
hinüber ins unaufhaltsam Heldische, wo man heiß und glorios unterging mit der schrecklichsten Unordnung in den Haaren. Dann lagst
du daneben, Puppe, und hattest nicht soviel Unschuld zu begreifen,
daß dein heiliger Georg das Tier deiner Stumpfheit unter sich wiegte,
den Drachen, der unsere flutendsten Gefühle in dir zur Masse werden
ließ, zu einer perfiden, gleichgültigen Unzerbrechlichkeit. Oder du,
überzeugte Seele der Trambahn, die in uns fast überhandnehmen
konnte, wenn wir nur mit einigem Glauben an unsere Wagen-Natur
in der Stube herumfuhren. Seelen, ihr, aller der einsamen Spiele und
Abenteuer; einfältig gefällige Seele des Balls, Seele im Geruch der Dominosteine, unerschöpfliche. Seele des Bilderbuchs. Seele der Schultasche, gegen die man schon ein wenig mißtrauisch war, weil sie's oft
ganz offen mit den Erwachsenen hielt; taube Trichterseele der braven
kleinen Blechtrompete: wie wart ihr alle leutselig und beinahe greifbar.
Nur du, Puppenseele, von dir konnte man nie recht sagen, wo du eigentlich warst. Ob du dich gerade bei einem aufhieltest oder bei der

1071 schläfrigen Kreatur da drüben, der man dich beständig einredete;
sicher verließen wir uns oft einer auf den andern und am Ende hielt
dich keiner, und du wurdest mit Füßen getreten. Wann warst du eigentlich jemals gegenwärtig? Am Geburtstagsmorgen vielleicht, wenn
eine neue Puppe dasaß und sich fast etwas Körperwärme aneignete
von dem noch warmen Kuchen neben ihr? Oder am Vorabend vor
Weihnachten? wenn die bisherigen Puppen die überwiegende Nähe
der künftigen ahnten durch die seit Tagen unzugängliche Zimmertür?
Oder, mit mehr Wahrscheinlichkeit, wenn eine Puppe plötzlich hinfiel
und häßlich wurde: da wars eine Sekunde, als überraschte man dich.
Auch, glaube ich, warst du imstande, so ungenau wehzutun wie beginnender Zahnschmerz, von dem man noch nicht weiß, wo er eigentlich
sein wird, wenn die Lieblingspuppe Anna plötzlich verloren ging, nie
wieder gefunden werden sollte in alle Ewigkeit: weg war. Aber im
Grunde war man so beschäftigt, dich zu erhalten, daß man keine Zeit
hatte, dich festzustellen. Ich habe kein Urteil darüber, wie es ist, wenn

ein kleines Mädchen stirbt und eine ihrer Puppen (vielleicht eine, die bis dahin recht vernachlässigt war) nicht von sich läßt, auch ganz zuletzt nicht, so daß das arme Ding, ordentlich dürr und welk von der heiß zehrenden Fieberhand, ins Ernste, Endgültige mit hineingerissen wird: ob dann ein bißchen Seele sich in ihm sammelt, neugierig, eine wirkliche Seele zu sehn?

*

O Puppenseele, die Gott nicht gemacht hat, du, von einer unbesonnenen Fee launisch erbetene, von einem Götzen mit Überanstrengung ausgeatmete Dingseele, die wir alle, halb ängstlich halb großmütig, erhalten haben und aus der keiner sich völlig zurücknehmen kann, o Seele, die nie recht getragen worden ist, die immer nur, beschützt von allerhand altmodischen Gerüchen, in Aufbewahrung war (wie die Pelze im Sommer) siehe, da sind nun in dich die Motten gekommen. Zu lange hat man nicht mit dir gerührt, nun schüttelt dich eine Hand, besorgt und mutwillig zugleich, – sieh sieh, da flattern aus dir alle die kleinen wehleidigen Falter hervor, unbeschreiblich sterbliche, die im Augenblick, da sie zu sich kommen, schon anfangen, von sich Abschied zu nehmen.

So haben wir dich am Ende recht zerstört, Puppenseele, indem wir dich in unseren Puppen zu pflegen meinten; sie waren wohl schon die Larven, die dich aus – fraßen –, da erklärt es sich auch, daß sie so dick und so träge waren und daß an sie keine Nahrung mehr anzubringen war.

Nun flüchtet dieses neue scheue Geschlecht hervor und flattert durch unser dunkles Gefühl. Sieht man es, man möchte sagen, daß es kleine Seufzer sind, so dünn, daß für sie unser Ohr nicht mehr ausreichte, sie erscheinen, schwindend, an der schwankendsten Grenze unseres Gesichts. Denn dies allein beschäftigt sie: hinzuschwinden. Geschlechtlos wie die Kinderpuppen selbst es waren, finden sie keinen Untergang in ihrer anstehenden Wollust, die nicht Zufluß noch Abfluß hat. Es ist, als verzehrten sie sich nach einer schönen Flamme, sich falterhaft hineinzuwerfen (und dann müßte der augenblickliche Geruch ihres Aufbrennens uns mit grenzenlosen, niegewußten Gefühlen überfluten). Wie man das so denkt und aufsieht, steht man, fast erschüttert, vor ihrer wächsernen Natur.

1072
1073
1075

Ur-Geräusch

Zur Zeit, als ich die Schule besuchte, mochte der Phonograph erst kürzlich erfunden worden sein. Er stand jedenfalls im Mittelpunkte des öffentlichen Erstaunens, und so mag es sich erklären, daß unser Physiklehrer, ein zu allerhand emsigen Basteleien geneigter Mann, uns anleitete, einen derartigen Apparat aus dem handgreiflichsten Zubehöre geschickt zusammenzustellen. Dazu war nicht mehr nötig, als was ich im Folgenden aufzähle. Ein Stück biegsamerer Pappe, zu einem Trichter zusammengebogen, dessen engere runde Öffnung man sofort mit einem Stück undurchlässigen Papiers, von jener Art, wie man es zum Verschlusse der Gläser eingekochten Obstes zu verwenden pflegt, verklebte, auf diese Weise eine schwingende Membran improvisierend, in deren Mitte, mit dem nächsten Griff, eine Borste aus einer stärkeren Kleiderbürste, senkrecht abstehend, eingesteckt wurde. Mit diesem Wenigen war die eine Seite der geheimnisvollen Maschine hergestellt, Annehmer und Weitergeber standen in voller Bereitschaft, und es handelte sich nun nur noch um die Verfertigung einer aufnehmenden Walze, die, mittels einer kleinen Kurbel drehbar, dicht an den einzeichnenden Stift herangeschoben werden konnte. Ich erinnere nicht, woraus wir sie herstellten; es fand sich eben irgend ein Cylinder, den wir, so gut und so schlecht uns das gelingen mochte, mit einer dünnen Schicht Kerzenwachs überzogen, welches kaum verkaltet und erstarrt war, als wir schon, mit der Ungeduld, die über dem dringenden Geklebe und Gemache in uns zugenommen hatte, einer den andern fortdrängend, die Probe auf unsere Unternehmung anstellten. Man wird sich ohneweiters vorstellen können, wie das geschah. Sprach oder sang jemand in den Schalltrichter hinein, so übertrug der in dem Pergamente steckende Stift die Tonwellen auf die empfängliche Oberfläche der langsam an ihm vorbei gedrehten Rolle, und ließ man gleich darauf den eifrigen Zeiger seinen eigenen (inzwischen durch einen Firnis befestigten) Weg wieder verfolgen, so zitterte, schwankte aus der papierenen Tüte der eben noch unsrige Klang, unsicher zwar, unbeschreiblich leise und zaghaft und stellenweise versagend, auf uns zurück. Die Wirkung war jedesmal die vollkommenste. Unsere Klasse gehörte nicht eben zu den ruhigsten, und es möchten nicht viele Augenblicke gewesen sein, da sie, gemeinsam, einen ähnlichen Grad von Stille zu erreichen fähig war. Das Phänomen blieb ja auch überraschend, ja recht eigentlich erschütternd, von einem Male zum anderen. Man stand gewissermaßen einer neuen, noch unendlich zarten Stelle der Wirklichkeit gegenüber, aus der uns, Kinder, ein bei weitem Überlegenes doch unsäglich anfängerhaft und gleichsam Hülfe suchend ansprach. Damals und durch die Jahre hin meinte ich, es sollte mir gerade dieser selbständige, von uns abgezogene und draußen aufbewahrte Klang unvergeßlich bleiben. Daß es anders kam, ist die Ursache dieser Aufzeichnung.

Nicht er, nicht der Ton aus dem Trichter, überwog, wie sich zeigen sollte, in meiner Erinnerung, sondern jene der Walze eingeritzten Zeichen waren mir um vieles eigentümlicher geblieben.

Vierzehn oder fünfzehn Jahre mochten seit jener Schulzeit hingegangen sein, als mir dies eines Tages zum Bewußtsein kam. Es war in meiner ersten Pariser Zeit, ich besuchte damals mit ziemlichem Eifer die Anatomie – Vorlesungen an der École des Beaux-Arts, wobei mich nicht so sehr das vielfältige Geflecht der Muskeln und Sehnen oder die vollkommene Verabredung der inneren Organe anzusprechen schien, als vielmehr das aride Skelett, dessen verhaltene Energie und Elastizität mir damals schon über den Blättern Lionardos sichtbar geworden war. So sehr ich nun auch an dem baulichen Ganzen rätselte, – es war mir zu viel; meine Betrachtung sammelte sich immer wieder zur Untersuchung des Schädels, in dem, sozusagen, das Äußerste, wozu dieses kalkige Element sich noch anspannen konnte, mir geleistet schien, als ob es gerade hier überredet worden wäre, sich zu einem entscheidenden Dienst bedeutend anzustrengen, um ein letzthin Gewagtes, im engen Einschluß schon wieder grenzenlos Wirkendes in seinen festesten Schutz zu nehmen. Die Bezauberung, die dieses besondere, gegen einen durchaus weltischen Raum abgeschlossene Gehäus auf mich ausübte, ging schließlich so weit, daß ich mir einen Schädel anschaffte, um nun auch so manche Nachtstunde mit ihm zuzubringen; und, wie es mir immer mit den Dingen geht: nicht allein die Augenblicke absichtlicher Beschäftigung haben mir diesen zweideutigen Gegenstand merkwürdiger angeeignet –, meine Vertrautheit mit ihm verdank ich ohne Zweifel zu einem gewissen Teile dem streifenden Blick, mit dem wir die gewohnte Umgebung, wenn sie nur einige Beziehung zu uns hat, unwillkürlich prüfen und auffassen. Ein solcher Blick war es, den ich plötzlich in seinem Verlaufe anhielt und genau und aufmerksam einstellte. In dem oft so eigentümlich wachen und auffordernden Lichte der Kerze war mir soeben die Kronen-Naht ganz auffallend sichtbar geworden, und schon wußte ich auch, woran sie mich erinnerte: an eine jener unvergessenen Spuren, wie sie einmal durch die Spitze einer Borste in eine kleine Wachsrolle eingeritzt worden waren!

Und nun weiß ich nicht: ist es eine rhythmische Eigenheit meiner Einbildung, daß mir seither, oft in weiten Abständen von Jahren, immer wieder der Antrieb aufsteigt, aus dieser damals unvermittelt wahrgenommenen Ähnlichkeit den Absprung zu nehmen zu einer ganzen Reihe von unerhörten Versuchen? Ich gestehe sofort, daß ich die Lust dazu, sooft sie sich meldete, nie anders, als mit dem strengsten Mißtraun behandelt habe, – bedarf es eines Beweises dafür, so liege er in dem Umstande, daß ich mich erst jetzt, wiederum mehr als anderthalb Jahrzehnte später, zu einer vorsichtigen Mitteilung entschließe. Auch habe ich zugunsten meines Einfalls mehr nicht anzuführen, als seine eigensinnige Wiederkehr, durch die er mich, ohne Zusammenhang mit meinen übrigen Beschäftigungen, bald hier, bald dort, in den unterschiedlichsten Verhältnissen überrascht hat.

Was wird mir nun immer wieder innerlich vorgeschlagen? Es ist dieses:

Die Kronen-Naht des Schädels (was nun zunächst zu untersuchen wäre) hat – nehmen wirs an – eine gewisse Ähnlichkeit mit der dicht gewundenen Linie, die der Stift eines Phonographen in den empfangenden rotierenden Cylinder des Apparates eingrabt. Wie nun, wenn man diesen Stift täuschte und ihn, wo er zurückzuleiten hat, über eine Spur lenkte, die nicht aus der graphischen Übersetzung eines Tones stammte, sondern ein an sich und natürlich Bestehendes –, gut: sprechen wirs nur aus: eben (z.B.) die Kronen-Naht wäre –: Was würde geschehen? Ein Ton müßte entstehen, eine Ton-Folge, eine Musik …

Gefühle –, welche? Ungläubigkeit, Scheu, Furcht, Ehrfurcht –: ja, welches nur von allen hier möglichen Gefühlen? verhindert mich, einen Namen vorzuschlagen für das Ur-Geräusch, welches da zur Welt kommen sollte …

Dieses für einen Augenblick hingestellt: was für, irgendwo vorkommende Linien möchte man da nicht unterschieben und auf die Probe stellen? Welchen Kontur nicht gewissermaßen auf diese Weise zu Ende ziehen, um ihn dann, verwandelt, in einem anderen Sinn-Bereich herandringen zu fühlen?

*

In einer gewissen Zeit, da ich mich mit arabischen Gedichten zu beschäftigen begann, an deren Entstehung die fünf Sinne einen gleichzei-
tigeren und gleichmäßigeren Anteil zu haben scheinen, fiel es mir zuerst
auf, wie ungleich und einzeln der jetzige europäische Dichter sich
dieser Zuträger bedient, von denen fast nur der eine, das Gesicht, mit
Welt überladen, ihn beständig überwältigt; wie gering ist dagegen schon
der Beitrag, den das unaufmerksame Gehör ihm zuflößt, gar nicht zu
reden von der Teilnahmslosigkeit der übrigen Sinne, die nur abseits
und mit vielen Unterbrechungen in ihren nützlich eingeschränkten
Gebieten sich betätigen. Und doch kann das vollendete Gedicht nur   1090
unter der Bedingung entstehen, daß die mit fünf Hebeln gleichzeitig
angegriffene Welt unter einem bestimmten Aspekt auf jener übernatür-
lichen Ebene erscheine, die eben die des Gedichtes ist.

Eine Frau, der solches in einem Gespräche vorgetragen wurde, rief
aus, diese wunderbare, zugleich einsetzende Befähigung und Leistung
aller Sinne sei doch nichts anderes, als Geistesgegenwart und Gnade
der Liebe, – und sie legte damit (nebenbei) ein eigenes Zeugnis ein
für die sublime Wirklichkeit des Gedichts. Aber eben deshalb ist der
Liebende in so großartiger Gefahr, weil er auf das Zusammenwirken
seiner Sinne angewiesen ist, von denen er doch weiß, daß sie nur in
jener einzigen gewagten Mitte sich treffen, in der sie, alle Breite aufge-
bend, zusammenlaufen und in der kein Bestand ist.

Indem ich mich so ausdrücke, habe ich schon die Zeichnung vor
mir, deren ich mich, als eines angenehmen Behelfes, jedesmal bediente,
sooft ähnliche Erwägungen sich aufdrängten. Stellt man sich das gesam-
te Erfahrungsbereich der Welt, auch seine uns übertreffenden Gebiete,
in einem vollen Kreise dar, so wird es sofort augenscheinlich, um
wieviel größer die schwarzen Sektoren sind, die das uns Unerfahrbare
bezeichnen, gemessen an den ungleichen lichten Ausschnitten, die den
Scheinwerfern der Sensualität entsprechen. Nun ist die Lage des Liebenden die, daß er sich unversehens in die Mitte des Kreises gestellt
fühlt, dorthin also, wo das Bekannte und das Unerfaßliche in einem   1091
einzigen Punkte zusammendringt, vollzählig wird und Besitz schlecht-
hin, allerdings unter Aufhebung aller Einzelheit. Dem Dichter wäre
mit dieser Versetzung nicht gedient, ihm muß das vielfältig Einzelne
gegenwärtig bleiben, er ist angehalten, die Sinnes-Ausschnitte ihrer

Breite nach zu gebrauchen, und so muß er auch wünschen, jeden einzelnen so weit als möglich auszudehnen, damit einmal seiner geschürzten Entzückung der Sprung durch die fünf Gärten in einem Atem gelänge.

Beruht die Gefahr des Liebenden in der Unausgedehntheit seines Standpunkts, so ist es jene des Dichters, der Abgründe gewahr zu werden, die die eine Ordnung der Sinnlichkeit von der anderen scheiden: in der Tat, sie sind weit und saugend genug, um den größeren Teil der Welt – und wer weiß, wieviel Welten – an uns vorbei hinwegzureißen.

Die Frage entsteht hier, ob die Arbeit des Forschers die Ausdehnung dieser Sektoren in der von uns angenommenen Ebene wesentlich zu erweitern vermag? Ob nicht die Erwerbung des Mikroskops, des Fernrohrs und so vieler, die Sinne nach oben oder unten verschiebender Vorrichtungen in eine *andere* Schichtung zu liegen kommen, da doch der meiste, so gewonnene Zuwachs sinnlich nicht durchdrungen, also nicht eigentlich »erlebt« werden kann. Es möchte nicht voreilig sein, zu vermuten, daß der Künstler, der diese (wenn man es so nennen darf) fünffingrige Hand seiner Sinne zu immer regerem und geistigerem Griffe entwickelt, am entscheidendsten an einer Erweiterung der einzelnen Sinn-Gebiete arbeitet, nur daß seine beweisende Leistung, da sie ohne das Wunder zuletzt nicht möglich ist, ihm nicht erlaubt, den persönlichen Gebietsgewinn in die aufgeschlagene allgemeine Karte einzutragen.

Sieht man sich aber nun nach einem Mittel um, unter so seltsam abgetrennten Bereichen die schließlich dringende Verbindung herzustellen, welches könnte versprechender sein als jener, in den ersten Seiten dieser Erinnerung angeratene Versuch? Wenn er hier am Schlusse, mit der schon versicherten Zurückhaltung, nochmals vorgeschlagen wird, so möge man es dem Schreibenden in einem gewissen Grade anrechnen, daß er der Verführung widerstehen konnte, die damit gebotenen Voraussetzungen in den freien Bewegungen der Phantasie willkürlich auszuführen. Dafür schien ihm der, während so vielen Jahren übergangene und immer wieder hervortretende Auftrag zu begrenzt und zu ausdrücklich zu sein.

Soglio, am Tage Mariae Himmelfahrt 1919

[Entwurf einer politischen Rede]

Die politische Uhr ist ähnlich jenen Wächter-Uhren, die, soweit nicht ein Narr oder Betrüger ihre Zeiger verschiebt, gestellt werden zum Zeichen der Wachsamkeit; sie geben eine stationäre, eine relative, eine komparative Zeit an, nicht eigentlich die Welt-Stunde. Nun fragen sie alle welche es sei: welche Stunde. Ist eine Weltmitternacht überschritten, folgt als Nächstes, obwohl in der Dunkelheit, ein einzelner fester Schlag –: Eins! mit dem eines neuen Tages erstes Versprechen uns überlassen wird, daß wir seine Erfüllung vorbereiten. An den nach jener anderen, eben der politischen, Uhr aufblickenden Menschen ist nicht zu erkennen, was eben geschieht. Die ungeheueren Begebenheiten, Leistungen und Verpflichtungen des Krieges, kamen, eine nach der anderen, auf eine eingeschobene Ebene zu stehen, überlebensgroß, haben sie doch nicht die Größe der Natur, – der Blick stellt sich um, und ein mittelgroßer Baum ist ihm wieder höher als Heldentum. Die Vorläufigkeit, die Eingeschobenheit jener entsetzlichen fünf Jahre möchte Ihnen am dringendsten zum Bewußtsein kommen, wenn ich Ihnen zeige, wie das einzige Wirkliche in ihnen von Anfang an nicht geleistet werden durfte: der Schmerz. Ich dürfte das nicht aussprechen, in einem Lande, das in das ungeheuere Verhängnis mit einbegriffen war denn wer könnte es verantworten schmerzverpflichtete Menschen daran zu erinnern, daß sie das Maß ihrer Tränen nicht ganz gefüllt haben. Aber hier, in der Schweiz, die als ein hülfreiches und humanes Wesen, Teilnahme und Beistand ausgeben durfte nach allen Seiten, wo andere Völker bald zu dem bald zu jenem Haß oder Haßzuwachs verurteilt waren, hier darf man es in unendlichem Erbarmen aussprechen, daß in jenen unseligen Ländern Schmerzsummen, von nie dagewesener Höhe, die fällig waren, unterschlagen worden sind. Die Vorstellung des Opfers, der harte Stolz, die fortwährend geübte Umdeutung von soviel Unheil, das doch Unheil war, von soviel Unrecht, das doch Unrecht bleibt, von soviel Tod, der doch nichts als Tod war und tödlichster, weil mit keiner inneren Kontinuität des Lebens zusammenhängender Tod: diese Umdeutung des Tatsächlichen in seine patriotischen Potenzen hat den Schmerz bis auf ein Mindestes abgestellt, ja auch dieses Mindeste glänzte von einem Zwielicht der Freudigkeit, wie von dem Widerschein einer allgemein verabredeten, einer, wenn man so sagen darf, geheiligten Schaden-Freude, war grau, hatte an keiner Stelle die unerschöpfliche Schwärze des vollkommenen Schmerzes! Um den Frieden festzusetzen hätte, könnte man denken, eines genügen mögen: die bloße einfache Verstattung an einen jeden, den übergangenen Schmerz nachzuholen, nachzulernen, nachzuweinen, Stunde für Stunde, Ursache für Ursache.

Denn hier ist – täuschen wir uns nicht – vor der Hand die einzige übersehbare Gemeinsamkeit. Die anderen, sind Versuche, sind Vorschläge, sind, wenn sie es ...

1096

[Vorrede zu einer Vorlesung aus eigenen Werken]

Lesezirkel Hottingen, Zürich

Die aufmerksame Aufforderung des L. II., der ich nun endlich folgen kann, wird mir zum Anlaß – nach sehr langer Pause – das öffentliche Lesen wieder aufzunehmen.

1095

Ich danke Ihnen im voraus, daß Sie: Schweizer die Ersten sein wollen mir (wieder) zuzuhören.

Als ich damals / es mögen zehn Jahre her sein / das Vorlesen aufgab, geschahs unter dem Eindruck, daß das Gedicht ... sich jeweils auf eine

zu enge unmittelbare
begrenzte [unmittelbare]

Gemeinsamkeit zu berufen hat, um vor Vielen, ohneweiters, vorgebracht zu sein.

Sollte ich wieder hervortreten, so, dachte ich, müßte das in einer Rede geschehen, denn eine Rede ist ihrer Natur nach Verständigung von Stelle zu Stelle –; während ich (es hilft nichts) manches Gedicht hinzustellen haben werde, das Ihnen recht voraussetzungslos ja rücksichtslos erscheinen möchte, wenn Sie nicht gar (um dem Schlimmsten zuvorzukommen) es als eine Poésie de Luxe ungeduldig hinnehmen.

Die Frage, wie weit, selbst in einer Zeit, die so dringend der Beratung bedarf, ein solches absichtslos auftretendes Kunstwerk zu dulden sei – und ob es nicht doch am Ende als eine Hülfe anzusprechen wäre, als ein Beistand gewissermaßen auf fernste, äußerste Distanz, als Zuspruch mit dem Coefficienten *unendlich* –; diese Frage lassen Sie mich jetzt nicht stellen.

Sie würde zwischen uns eine Atmosphäre der Diskussion schaffen; es wäre nicht die, die uns diesen Abend verbinden soll.

Nur soviel erlauben Sie mir auszusprechen:

Es hat nicht dieser fürchterlichen Jahre bedurft, um mir die Prüfung aufzuerlegen, ob eine solche Hervorbringung zu verantworten sei.

Schon, da ich vor fast zwanzig Jahren neben Lew Tolstoj über die Vergißmeinnicht-Wiesen von Jassnaja Poljana ging, hatte ich mich gründlich zu entscheiden.

Und seither, ich weiß nicht wie oft, an jeder Wendung meines Weges, hab ich mir mein eigenes Tun fraglich gemacht, fraglich und schwer, und hab mich geprüft und bedrängt, ob ich denn in ihm zu Recht bestehe und ausharre.

Wer dürfte etwas für die Zukunft versichern?

aber bis heute ist mir die verantwortende innere Stimme immer noch zustimmend gewesen.

*

Die Arbeiten, von denen ich Ihnen einige werde zeigen dürfen, gehen irgendwie aus der Überzeugung hervor, daß es eine eigene berechtigte Aufgabe sei, die Weite,
   Vielfältigkeit
     ja Vollzähligkeit der Welt
       in reinen Beweisen vorzuführen.

Denn: ja! zu einem derartigen Zeugnis hoffte ich mir das Gedicht zu erziehen, das mir fähig werden sollte alle Erscheinung,
    nicht nur das Gefühlsmäßige allein,
   lyrisch zu begreifen –:
    Das Tier,
      die Pflanze,
        jeden Vorgang; –
         ein Ding
in seinem eigentümlichen Gefühls-Raum darzustellen.

Lassen Sie sich nicht dadurch beirren, daß ich oft Bilder der Vergangenheit aufrufe. Auch das Gewesene ist noch ein Seiendes in der Fülle des Geschehens, wenn man es nicht nach seinem Inhalte erfaßt, sondern durch seine Intensität, und wir sind als Mitglieder einer Welt, die Bewegung um Bewegung, Kraft um Kraft hervorbringend, unaufhaltsam in weniger und weniger Sichtbares hinzustürzen scheint, auf jene überlegene Sichtbarkeit des Vergangenen angewiesen, wollen wir uns, im Gleichnis, die nun verhaltene Pracht vorstellen, von der wir ja auch heute noch umgeben sind.

Ich werde Sie nun nicht mit Vorbringungen überhäufen. Ich verspreche sparsam zu sein.

Die Wahl der Lesestücke ist keine vorherbestimmte.

Unter dem Einfluß Ihrer Gegenwart und Teilnehmung gedachte ich mich zu dem oder jenem Gedicht zu entschließen.

Dulden Sie daher auch, daß ich, wo es mir der Augenblick eingiebt, einige kurze Anmerkungen einschiebe, und so von Fall zu Fall eine Plattform schaffe auf der Sie betrachtend zusammentreten mögen.

Ich fühle mich bei Alledem nicht so sehr als einer, der um Ihr Wohlgefallen wirbt, – was ich Sie bitte, ist dies:

1099 lassen Sie uns, so weit es an uns liegt, alles tun für die wirkliche redliche Gemeinsamkeit dieser

Stunde!

Der Brief des jungen Arbeiters

Man hat uns in einer Versammlung vorigen Donnerstag aus Ihren Gedichten vorgelesen, Herr V., es geht mir nach, ich weiß mir keinen anderen Rat, als für Sie hinzuschreiben, was mich beschäftigt, so gut es mir eben möglich ist.

Den Tag nach jener Vorlesung geriet ich zufällig in eine christliche Vereinigung, und vielleicht ist das recht eigentlich der Anstoß gewesen, der die Zündung verursacht hat, die solche Bewegung und Treibung auslöst, daß ich mit allen meinen Kräften auf Sie zufahre. Es ist eine ungeheure Gewaltsamkeit, etwas anzufangen. Ich kann nicht *anfangen* Ich springe einfach über das, was Anfang sein müßte, weg. Nichts ist so stark wie das Schweigen. Würden wir nicht schon jeder mitten ins Reden hineingeboren, es wäre nie gebrochen worden.

Herr V. Ich spreche nicht von dem Abend, da wir Ihre Dichtungen aufnahmen. Ich spreche von dem anderen. Es treibt mich zu sagen: Wer, ja, – anders kann ich es jetzt nicht ausdrücken, *wer* ist denn dieser Christus, der sich in alles hineinmischt. – Der nichts von uns gewußt hat, nicht von unserer Arbeit, nicht von unserer Not, nichts von unserer Freude, so wie wir sie heute leisten, durchmachen und aufbringen –, und der doch, so scheint es, immer wieder verlangt, in unserem Leben der *erste* zu sein. Oder legt man ihm das nur in den Mund? Was will er von uns? Er will uns helfen, heißt es. Ja, aber er stellt sich eigentümlich ratlos an in unserer Nähe. Seine Verhältnisse waren so weitaus andere. Oder kommt es wirklich auf die Umstände nicht all, wenn er hier einträte, bei mir, in meinem Zimmer, oder dort in der Fabrik – wäre sofort alles anders, gut? Würde mein Herz in mir aufschlagen und sozusagen in einer anderen Schicht weitergehen und immer auf ihn zu? Mein Gefühl sagt mir, daß er nicht kommen *kann.* Daß es keinen Sinn hätte. Unsere Welt ist nicht nur äußerlich eine andere, – sie hat keinen Zugang für ihn. Er *schiene* nicht durch einen fertig gekauften Rock, es (ist) nicht wahr, er schiene nicht durch. Es ist kein Zufall, daß er in einem Kleid ohne Naht herumging, und ich glaube, der Lichtkern in ihm, das was ihn so stark scheinen machte, Tag und Nacht, ist jetzt längst aufgelöst und anders verteilt. Aber das wäre ja auch, mein ich, wenn er so groß war, das Mindeste, was wir von ihm fordern können, daß er irgendwie ohne Rest aufgegangen sei, ja ganz ohne Rest – spurlos.

Ich kann mir nicht vorstellen, daß das *Kreuz bleiben* sollte, das doch nur ein Kreuzweg war. Es sollte uns gewiß nicht überall aufgeprägt werden, wie ein Brandmal. In ihm selber sollte es aufgelöst sein. Denn, ist es nicht so: er wollte einfach den höheren Baum schaffen, an dem wir besser reifen könnten. Er, am Kreuz, ist dieser neue Baum in Gott, und wir sollten warme glückliche Früchte sein, oben daran.

Nun soll man nicht immer von *dem* reden, was *vorher* war, sondern, es sollte eben das *Nachher* begannen haben. Dieser Baum, scheint mir, sollte mit uns so eines geworden sein, oder wir mit ihm, *an* ihm, daß wir nicht immerfort uns mit ihm beschäftigen müßten, sondern einfach ruhig mit Gott, in den, uns reiner hinaufzuhalten, doch seine Absicht war.

Wenn ich sage: Gott, so ist das eine große, nie erlernte Überzeugung in mir. Die ganze Kreatur, kommt mir vor, sagt dieses Wort, ohne Überlegung, wenn auch oft aus tiefer Nachdenklichkeit. Wenn dieser Christus uns dazu geholfen hat, es mit hellerer Stimme, voller, gültiger zu sagen, um so besser, aber laßt ihn doch endlich aus dem Spiel. Zwingt uns nicht immer zu dem Rück fall in die Mühe und Trübsal, die es ihn gekostet hat, uns, wie ihr sagt, zu »erlösen«. Laßt uns endlich dieses Erlöstsein antreten. – Da wäre ja sonst das Alte Testament noch besser dran, das voller Zeigefinger ist auf Gott zu, wo man es aufschlägt, und immer fällt einer dort, wenn er schwer wird, so grade hinein in Gottes Mitte. Und einmal habe ich den Koran zu lesen versucht, ich bin nicht weit gekommen, aber so viel verstand ich, da ist wieder so ein mächtiger Zeigefinger, und Gott steht am Ende seiner Richtung, in seinem ewigen Aufgang begriffen, in einem Osten, der nie alle wird. Christus hat sicher dasselbe gewollt. Zeigen. Aber die Menschen hier sind wie die Hunde gewesen, die keinen Zeigefinger verstehen und meinen, sie sollten nach der Hand schnappen. Statt vom Kreuzweg aus, wo nun der Wegweiser hoch aufgerichtet war in die Nacht der Opferung hinein, statt von diesem Kreuzweg weiterzugehen, hat sich die Christlichkeit dort angesiedelt und behauptet, dort in Christus zu wohnen, obwohl doch in ihm kein Raum war, nicht einmal für seine Mutter, und nicht für Maria Magdalena, wie in jedem Weisenden, der eine Gebärde ist und kein Aufenthalt. – Und darum wohnen sie auch nicht in Christus, die Eigensinnigen des Herzens, die ihn immer wieder herstellen und leben von der Aufrichtung der schiefen oder völlig umgewehten Kreuze. Sie haben dieses Gedräng auf dem Gewissen, dieses Anstehen auf der überfüllten Stelle, sie tragen Schuld, daß die Wanderung nicht weitergeht in der Richtung der Kreuzarme. Sie haben aus dem Christlichen ein métier gemacht, eine bürgerliche Beschäftigung, sur place, einen abwechselnd abgelassenen und wieder angefüllten Teich. Alles, was sie selber tun, ihrer unundterdrückbaren Natur nach (soweit sie noch Lebendige sind), steht im Widerspruch mit dieser merkwürdigen Anlage, und so trüben sie ihr eigenes Gewässer und müssen es immer wieder erneun. Sie lassen sich nicht vor Eifer, das Hiesige, zu dem wir doch Lust und Vertrauen haben sollten, schlecht und wertlos zu machen, – und so liefern sie die Erde immer mehr denjenigen aus, die sich bereit finden, aus ihr, der verfehlten und verdächtigten, die doch zu Besserm nicht tauge, wenigstens einen zeitlichen, rasch ersprießlichen Vorteil zu ziehn. Diese zunehmende Ausbeutung des Lebens, ist sie nicht eine Folge, der durch die Jahrhunderte fortgesetzten Entwertung des Hiesigen? Welcher Wahnsinn, uns nach einem Jenseits abzulenken, wo wir hier von Aufgaben und Erwartungen und Zukünften umstellt sind. Welcher Betrug, Bilder hiesigen Entzückens zu entwenden, um sie hinter unserm Rücken an den Himmel zu verkaufen! O es wäre längst Zeit, daß die verarmte Erde alle jene Anleihen wieder einzöge, die man bei ihrer Seligkeit gemacht hat, um 1114 Überkünftiges damit auszustatten. Wird der Tod wirklich durchsichtiger durch diese hinter ihn verschleppten Lichtquellen? Und wird nicht alles hier Fortgenommene, da nun doch kein Leeres sich halten kann, durch einen Betrug ersetzt, – sind die Städte deshalb von so viel häßlichem Kunstlicht und Lärm erfüllt, weil man den echten Glanz und den Gesang an ein später zu beziehendes Jerusalem ausgeliefert hat? Christus mochte recht haben, wenn er, in einer von abgestandenen und entlaubten Göttern erfüllten Zeit, schlecht vom Irdischen sprach, obwohl es (ich kann es nicht anders denken) auf eine Kränkung Gottes hinauskommt, in dem uns hier Gewährten und Zugestandenen nicht ein, wenn wir es nur genau gebrauchen, vollkommen, bis an den Rand unserer Sinne uns Beglückendes zu sehen! *Der rechte Gebrauch, das ists.* Das Hiesige recht in die Hand nehmen, herzlich liebevoll, erstaunend, als unser, vorläufig, Einziges: das ist zugleich, es gewöhnlich zu sagen, die große Gebrauchsauweisung Gottes, *die* meinte der heilige Franz von Assisi aufzuschreiben in seinem Lied an die Sonne, die ihm im Sterben herrlicher war als das Kreuz, das ja nur dazu da stand, in die Sonne zu *weisen.* Aber das, was man die Kirche nennt, war inzwischen schon zu einem solchen Gewirr von Stimmen angeschwollen, daß der Gesang des Sterbenden, überall übertönt, nur von ein paar einfachen Mönchen aufgefangen war und unendlich bejaht von der Landschaft seines anmutigen Tals. Wie oft mögen wohl solche Versuche gemacht worden sein, die Versöhnung herzustellen zwischen jener 1115 christlichen Absage und der augenfälligen Freundschaft und Heiterkeit der Erde. Aber auch sonst, auch innerhalb der Kirche, ja in ihrer eigenen Krone, erzwang sich das Hiesige seine Fülle und seinen angeborenen Überfluß. Warum rühmt man es nicht, daß die Kirche stämmig genug war, nicht zusammenzubrechen unter dem Lebensgewicht gewisser Päpste, deren Thron beschwert war mit Bastardkindern, Kurtisanen und Ermordeten. War nicht in ihnen mehr Christentum, als in den dürren Wiederherstellern der Evangelien, – nämlich, lebendiges, unaufhaltsames, verwandeltes. Wir wissen ja nicht, will ich sagen, *was* aus den großen Lehren werden will, man muß sie nur strömen und gewähren lassen und nicht erschrecken, wenn sie plötzlich in die zerklüftete Natur des Lebens fortstürzen und unter der Erde sich in unkenntliche Betten wälzen.

Ich habe einmal ein paar Monate in Marseille gearbeitet. Es war eine besondere Zeit für mich, ich verdanke ihr viel. Der Zufall brachte mich mit einem jungen Maler zusammen, der bis zu seinem Tode mein Freund geblieben ist. Er litt an der Lunge und war eben damals von Tunis zurückgekommen. Wir waren viel beisammen, und da der Abschluß meiner Anstellung mit seiner Rückkehr nach Paris zusammenfiel, konnten wir es einrichten, einige Tage in Avignon uns aufzuhalten. Sie sind mir unvergeßlich geblieben. Zum Teil durch die Stadt selbst, ihre Gebäude und ihre Umgebungen, als auch weil mein Freund in diesen Tagen ununterbrochenen und irgendwie gesteigerten Umgangs sich mir über viele Umstände besonders seines *inneren* Lebens mit jener Beredsamkeit mitteilte, die, scheint es, solchen Kranken in gewissen Momenten eigentümlich ist. Alles was er sagte hatte eine seltsame wahrsagende Gewalt; durch alles, was in oft fast atemlosen Gesprächen dahinstürzte, sah man gewissermaßen den Grund, die Steine auf dem Grunde ich will damit sagen, mehr als ein nur Unsriges, die Natur selber, ihr Ältestes und Härtestes, das wir doch an so vielen Stellen berühren und von dem wir wahrscheinlich in den getriebensten Momenten abhängen, indem sein Gefäll unsere Neigung bestimmt. Ein Liebeserlebnis, unvermutet und glücklich, kam dazu, sein Herz wurde ungewöhnlich hoch gehalten, tagelang, und so schoß denn auf der anderen Seite der spielende Strahl seines Lebens zu beträchtlicher Höhe auf. Mit jemandem, der sich in solcher Verfassung befindet, eine außerordentliche Stadt und eine mehr als gefällige Landschaft wahrzunehmen, ist eine seltene Vergünstigung; und so erscheinen mir denn auch, wenn ich zurückdenke, jene zarten und zugleich leidenschaftlichen Frühlingstage als die einzigen Ferien, die ich in meinem Leben gekannt habe. Die Zeit war so lächerlich kurz, einem anderen hätte sie nur für wenige Eindrücke hingereicht, – mir, der ich nicht gewohnt bin, freie Tage zu verbringen, erschien sie weit. Ja, es kommt mir fast unrecht vor, noch *Zeit* zu nennen, was eher ein neuer Zustand des Freiseins war, recht fühlbar ein *Raum,* ein Umgebensein von Offenem, kein

Vergehn. Ich holte damals, wenn man so sagen kann, Kindheit nach und ein Stück frühes Jungsein, was, alles in mir auszuführen, nie Zeit gewesen war; ich schaute, ich lernte, ich begriff –, und aus diesen Tagen stammt auch die Erfahrung, daß mir »Gott« zu sagen, so leicht, so wahrhaftig, so – wie mein Freund sich würde ausgedrückt haben – so problemlos einfach sei. Wie sollte mir dieses Haus, das die Päpste sich dort aufgerichtet haben, nicht gewaltig vorkommen? Ich hatte den Eindruck, es könne überhaupt keinen Innenraum enthalten, sondern müsse aus lauter dichten Blöcken geschichtet sein, so als wäre den Verbannten nur darum zu tun gewesen, das Gewicht des Papsttums, sein Übergewicht, auf die Waage der Geschichte zu häufen. Und dieser kirchliche Palast türmt sich wahrhaftig über dem antiken Torso einer Heraklesfigur, die man in die felsigen Grundfesten eingemauert hat – »ist er nicht« – sagte Pierre, »wie aus diesem Samenkorn ungeheuerlich aufgewachsen?« Daß *dieses** das Christentum sei, in einer seiner Verwandlungen, wäre mir viel verständlicher, als seine Kraft und seinen Geschmack in dem immer schwächeren Aufguß jener Tisane zu erkennen, von der man behauptet, daß sie aus seinen ersten zartesten Blättern bereitet sei.

Sind doch auch die Kathedralen nicht der Körper jenes Geistes, den man uns nun als den eigentlich christlichen einreden will. Ich könnte denken, daß unter einigen von ihnen das erschütterte Standbild einer griechischen Göttin ruhe; soviel Erblühung, soviel Dasein ist in ihnen emporgeschossen, wenn sie auch, wie in einer zu ihrer Zeit entstandenen Angst, von jenem verborgenen Leib fort in die Himmel strebten, die fortwährend offen zu halten der Ton ihrer großen Glocken be- stimmt war.

Nach meiner Rückkehr damals von Avignon bin ich viel in Kirchen gegangen, abends und am Sonntag, – erst allein ... später ...

Ich habe eine Geliebte, fast noch ein Kind, die als Heimarbeiterin beschäftigt ist, wodurch sie oft, wenn es wenig Arbeit giebt, in eine arge Lage gerät. Sie ist geschickt, sie würde leicht in einer Fabrik unterkommen, aber sie fürchtet den Patron. Ihre Vorstellung von Freiheit ist grenzenlos. Es wird Sie nicht wundern, daß sie auch Gott so wie eine Art Patron empfindet, ja als den »Erzpatron«, wie sie mir sagte, lachend, aber mit solchem Schreck in den Augen. Es hat lange gebraucht, bis sie sich entschloß, einmal abends mit mir nach St. Eustache zu gehen, wo ich gerne eintrat, wegen der Musik der Maiandachten.

Einmal sind wir zusammen nach Maux geraten und haben in der Kirche dort Grabsteine angesehen. Allmählich merkte sie, daß Gott einen in den Kirchen in Ruhe läßt, daß er nichts verlangt; man könnte meinen, er wäre überhaupt nicht da, nicht wahr, – aber doch im Augenblick, wo man das etwa sagen wollte, meinte Marthe, daß er auch in der Kirche nicht ist, da hält einen etwas zurück. Vielleicht nur das, was die Menschen selbst durch soviel Jahrhunderte hereingetragen haben in diese hohe, eigentümlich bestärkte Luft. Vielleicht ist es auch nur, daß das Schwingen der mächtigen und süßen Musik nie ganz hinauskann, ja es muß ja längst in die Steine eingedrungen sein, und

1119 es müssen merkwürdig erregte Steine sein, diese Pfeiler und Wölbungen, und wenn ein Stein auch hart ist und schwer zugänglich, schließlich erschüttert ihn doch, immer wieder Gesang und diese Angriffe von der Orgel her, diese Überfälle, diese Stürme des Lieds, jeden Sonntag, diese Orkane der großen Feiertage. Windstille. Das ists, was recht eigentlich in den alten Kirchen herrscht. Ich sagte es Marthe. Windstille. Wir horchten, sie begriff es sofort, sie hat eine wunderbar vorbereitete Natur. Seither traten wir manchmal da und dort ein, wenn wir singen hörten, und standen dann da, dicht aneinander. Am schönsten wars, wenn ein Glasfenster vor uns war, eines von diesen alten Bilderfenstern, mit vielen Abteilungen, jede ganz angefüllt mit Figuren, großen Menschen und kleinen Türmen und allen möglichen Ereignissen. Nichts ist dafür zu fremd gewesen, da sieht man Burgen und Schlachten und eine Jagd, und der schöne weiße Hirsch kommt immer wieder vor im heißen Rot und im brennenden Blau. Ich habe einmal ganz alten Wein zu trinken bekommen. So ist das für die Augen, diese Fenster, nur daß der Wein nur dunkelrot war im Mund, – dieses hier aber ist dasselbe auch noch in Blau und in Violett und in Grün. Es ist ja überhaupt *alles** in den alten Kirchen, gar keine Scheu vor etwas, wie in den neuen, wo nur gewissermaßen die guten Beispiele vorkommen. Hier ist auch das Arge und Böse und das Fürchterliche; das Verkrüppelte, das was in Not, das was häßlich ist und das Unrecht –, und man möchte sagen, daß es irgendwie geliebt sei um Gottes willen. Hier ist der Engel, den es nicht giebt, und der Teufel, den es nicht giebt; und

1120 der Mensch, den es giebt, ist zwischen ihnen, und, ich kann mir nicht helfen, ihre Unwirklichkeit macht ihn mir wirklicher. Ich kann das, was ich fühle, wenn es heißt: ein Mensch, dort drin besser zusammennehmen, als auf der Straße unter den Leuten, die rein nichts Erkennbares an sich haben. Aber das ist schwer zu sagen. Und das, was ich nun sagen will, ist noch schwerer aus(zu)drücken. Was nämlich den »Patron«, die Macht, angeht (das ist mir auch so langsam dort drin, wenn wir ganz in der Musik standen, klar geworden), so giebt es nur *ein* Mittel wider sie: weiter zu gehen als sie selbst. Ich meine das so: Man sollte sich anstrengen, in jeder Macht, die ein Recht über uns beansprucht, gleich alle Macht zu sehen, die ganze Macht, Macht überhaupt, die Macht Gottes. Man sollte sich sagen, es giebt nur *eine,* und die geringe, die falsche, die fehlerhafte so verstehen, als wär sie das, was uns mit Recht ergreift. Würde sie nicht unschädlich auf diese Weise? Wenn man in jeder Macht, auch in arger und boshafter, immer die Macht selbst sähe, ich meine *das*, was zuletzt recht behält, mächtig zu sein, überstünde man da nicht, heil sozusagen, auch das Unberechtigte und Willkürliche? Stellen wir uns nicht zu allen den unbekannten großen Kräften genau so? Keine erfahren wir in ihrer Reinheit. Wir nehmen jede zunächst hin mit ihren Mängeln, die vielleicht unseren Mängeln angemessen sind. – Aber hat nicht bei allen Gelehrten, Entdeckern und Erfindern, die Voraussetzung, daß sie es mit großen Kräften zu tun hätten, plötzlich zu den größesten geführt? Ich bin jung, und es ist viel Aufbegehrung in mir; ich kann nicht versichern, daß ich nach meiner Einsicht handle in jedem Falle, wo Ungeduld und Unlust mich hinreißen, – im Innersten aber weiß ich, daß die Unterwerfung weiter führt als die Auflehnung; sie beschämt, was Bemächtigung ist, und sie trägt unbeschreiblich bei zur Verherrlichung der richtigen Macht. Der Aufgelehnte drängt aus der Anziehung eines Machtmittelpunktes hinaus, und es gelingt ihm vielleicht, dieses Kraftfeld zu verlassen; aber darüber hinaus steht er im Leeren und muß sich umsehen nach einer anderen Gravitation, die ihn einbeziehe. Und diese ist meist von noch minderer Gesetzmäßigkeit als die erste. Warum also nicht gleich in jener, in der wir uns vorfinden, die größeste Gewalt sehen, unbeirrt durch ihre Schwächen und Schwankungen? Irgendwo stößt die Willkür von selber ans Gesetz, und wir ersparen Kraft, wenn wir ihr überlassen, sich selber zu bekehren. Freilich das gehört zu den langen und langsamen Vorgängen, die so völlig in Widerspruch stehen mit den merkwürdigen Überstürzungen unserer Zeit. Aber es wird neben den schnellsten Bewegungen immer langsame geben, ja solche von so äußerster Langsamkeit, daß wir ihren Verlauf gar nicht erleben können. Aber dazu, nicht wahr, ist ja die Menschheit

1121

da, daß sie abwarte, was über den Einzelnen hinausreicht. – Von ihr aus gesehen, ist das Langsame oft das Schnellste, das heißt, es erweist sich, daß wir es nur langsam nannten, weil es ein Unmeßbares war.

Nun giebt es, scheint mir, ein völlig Unermeßliches, an dem mit Maßstäben, Messungen und Einrichtungen sich zu vergreifen, die Menschen nicht müde werden.

1122

Und hier in jener Liebe, die sie mit einem unerträglichen Ineinander von Verachtung, Begierlichkeit und Neugier die »sinnliche« nennen, hier sind wohl die schlimmsten Wirkungen jener Herabsetzung zu suchen, die das Christentum dem Irdischen meinte bereiten zu müssen. Hier ist alles Entstellung und Verdrängung, obwohl wir doch aus diesem tiefsten Ereignis hervorgehen und selber wieder in ihm die Mitte unserer Entzückungen besitzen. Es ist mir, wenn ich es sagen darf, immer unbegreiflicher, wie eine Lehre, die uns dort ins Unrecht setzt, wo die ganze Kreatur ihr seligstes Recht genießt, in solcher Beständigkeit sich, wenn auch nirgends bewähren, so doch weithin behaupten darf.

Ich denke auch hier wieder an die bewegten Gespräche, die ich mit meinem verstorbenen Freunde führen durfte, damals, in den Auen der Barthelasse-Insel im Frühling und später. Ja in der Nacht, die seinem Tode zuvorging (er starb am folgenden Nachmittag kurz nach fünf Uhr), hat er mir in einen Bereich blindesten Erleidens so reine Ausblicke eröffnet, daß mir mein Leben an tausend Stellen neu zu beginnen schien und mir, da ich antworten wollte, die Stimme nicht zur Verfügung stand. Ich wußte nicht, daß es Tränen der Freude gab. Ich weinte meine ersten, anfingerhaft, in die Hände dieses morgen Toten und fühlte, Wie in Pierre die Flut des Lebens noch einmal stieg und überging, da diese heißen Tropfen hinzukamen. Bin ich überschwänglich? Ich rede ja von einem *Zuviel*.

Warum, ich frage Sie, Herr V., wenn man uns helfen will, uns so

1123

oft Hülflosen, warum läßt man uns im Stich, dort an den Wurzeln alles Erlebens? Wer uns *dort* beistände, der könnte getrost sein, daß wir nichts weiter von ihm verlangten. Denn der Beistand, den er uns dort einflößte, wüchse von selbst mit unserem Leben und würde größer und stärker mit ihm zugleich. Und ginge nie aus. Was setzt man uns nicht ein in unser Heimlichstes? Was müssen wirs umschleichen, und geraten schließlich hinein, wie Einbrecher und Diebe, in unser eigenes schönes Geschlecht, in dem wir irren und uns stoßen und straucheln, um schließlich wie Ertappte wieder hinauszustürzen in das Zwielicht der Christlichkeit. Warum, wenn schon Schuld oder Sünde, wegen der inneren Spannung des Gemüts, mußte erfunden werden, warum heftete man sie nicht an an einen anderen Teil unseres Leibes, warum ließ man sie fallen dorthin und wartete, daß sie sich auflöse in unserem reinen Brunnen und ihn vergifte und trübe? Warum hat man uns das Geschlecht heimatlos gemacht, statt das Fest unserer Zuständigkeit dort hin zu verlegen?

Gut, ich will zugeben, es soll nicht uns gehören, die wir nicht imstande sind, so unerschöpfliche Seligkeit zu verantworten und zu verwalten. Aber warum gehören wir nicht zu Gott von *dieser* Stelle aus?

Ein Kirchlicher würde mich darauf verweisen, daß es die Ehe gäbe, obwohl ihm nicht unbekannt wäre, wie es mit dieser Einrichtung bestellt ist. Es nützt auch nichts, den Willen zur Fortpflanzung in den Gnadenstrahl zu rücken –, mein Geschlecht ist nicht nur den Nachkommen zugekehrt, es ist das Geheimnis meines eigenen Lebens –, und nur weil es dort, wie es scheint, den mittleren Platz nicht einnehmen soll, haben so viele es an ihren Rand verschoben und darüber das Gleichgewicht verloren. Was hilft alles! Die entsetzliche Unwahrheit und Unsicherheit unserer Zeit hat ihren Grund in dem nicht eingestandenen Glück des Geschlechts, in dieser eigentümlich schiefen Verschuldung, die immerfort zunimmt und uns von der ganzen übrigen Natur trennt, ja sogar von dem Kind, obwohl, wie ich in jener unvergeßlichen Nacht erfuhr, seine, des Kindes, Unschuld durchaus nicht darin besteht, daß es, sozusagen, kein Geschlecht kenne, – »sondern, so sagte Pierre fast tonlos, jenes unbegreifliche Glück, das uns an *einer* Stelle erwacht mitten im Fruchtfleisch der geschlossenen Umarmung, ist noch in seinem ganzen Körper überall namenlos verteilt«. Um die eigentümliche Lage unserer Sinnlichkeit zu bezeichnen, müßte man also sagen dürfen: Einmal waren wir *überall* Kind, jetzt sind wirs nur noch an einer Stelle. – Wenn aber nur ein einziger unter uns ist, dem das gewiß wäre und der die Beweise dafür aufzuzeigen die Fähigkeit besäße, warum lassen wirs geschehen, daß eine Generation nach der anderen unter dem Schutt christlicher Vorurteile zu sich kommt und sich rührt wie der Scheintote im Finstern, in einem engsten Zwischenraum zwischen lauter Absagen!?

Herr V. Ich schreibe und schreibe. Eine ganze Nacht ist fast darüber hingegangen. Ich muß mich zusammenfassen. – Habe ich gesagt, daß ich in einer Fabrik angestellt bin? Ich arbeite im Schreibzimmer, manchmal habe ich auch an einer Maschine zu tun. Früher konnte ich einmal eine kurze Zeit studieren. Nun, ich will nur sagen, wie mir zu Mute ist. Ich will, sehen Sie, anwendbar sein an Gott, so wie ich da bin; was ich hier tue, Arbeit, das will ich weitertun auf ihn zu ohne daß mir mein Strahl gebrochen wird, wenn ich das so ausdrücken darf, auch nicht in Christus, der einst für viele das Wasser war. Die Maschine, zum Beispiel, ich kann sie ihm nicht erklären, er behält nicht. Ich weiß Sie lachen nicht, wenn ich das so einfältig sage, es ist am besten so. Gott dagegen, ich habe dieses Gefühl, *ihm* kann ich sie bringen, meine Maschine und ihren Erstling, oder sonst meine ganze Arbeit, es geht ohneweiters in ihn hinein. So wie es für die Hirten einmal leicht war, den Göttern ihres Lebens ein Lamm zu bringen oder die Feldfrucht oder die schönste Traube.

Sie sehen, Herr V., ich konnte diesen langen Brief schreiben, ohne das Wort Glauben ein einziges Mal nötig zu haben. Denn das scheint mir eine umständliche und schwierige Angelegenheit zu sein, und nicht die meine. Ich will mich nicht schlecht machen lassen um Christi willen, sondern gut sein für Gott. Ich will nicht von vornherein als ein Sündiger angeredet sein, vielleicht bin ich es nicht. Ich habe so reine Morgen! Ich könnte mit Gott reden, ich brauche niemanden, der mir Briefe an ihn aufsetzen hilft.

Ihre Gedichte kenne ich nur aus jener Vorlesung neulich abend, ich besitze nur wenige Bücher, die meistens mit meinem Beruf zu tun haben. Ein paar allerdings, die von Kunst handeln, und Historisches, was ich mir eben verschaffen konnte. – Die Gedichte aber, das müssen Sie sich nun gefallen lassen, haben diese Bewegung in mir hervorgerufen. Mein Freund sagte einmal: Gebt uns Lehrer, die uns das Hiesige rühmen. Sie *sind* ein solcher.

Biographie

1875 *4. Dezember:* René Karl Wilhelm Johann Josef Maria Rilke wird in Prag als Sohn des Eisenbahninspektors Josef Rilke und seiner Frau Sophie, geb. Entz, geboren.

1882 Eintritt in die Volksschule des katholischen Schulordens der Piaristen.

1886 Nach der Trennung der Eltern lebt Rilke bei der Mutter.

1. September: Eintritt als Stipendiat in die Militärunterrealschule von St. Pölten.

1890 Besuch der Militäroberrealschule in Mährisch-Weißkirchen.

1891 Abbruch des Schulbesuchs wegen Krankheit.

Rilke tritt in die Handelsakademie Linz ein.

1892 *Mai:* Rilke bricht die Ausbildung in Linz ab und kehrt nach Prag zurück.

Private Vorbereitung auf das Abitur.

1893 Bekanntschaft mit Valerie (Vally) von David-Rhonfeld.

1894 Nachdem Rilke bereits sehr viele einzelne Gedichte in Zeitschriften veröffentlich hat, erscheint die erste eigenständige Buchveröffentlichung, der Vally gewidmete Gedichtband »Leben und Lieder«, der vor allem belanglose Liebesgedichte enthält.

1895 *Juli:* Rilke legt in Prag die Abiturprüfung ab.

Immatrikulation an der Prager Universität zum Studium der Philosophie und der Kunst- und Literaturgeschichte.

»Wegwarten« (Gedichte).

»Larenopfer« (Gedichte, vordatiert auf 1896).

1896 *Sommersemester:* Rilke wechselt zum Studium der Rechtswissenschaften.

Zahlreiche Veröffentlichungen von Gedichten und Erzählungen.

August: Einmalige Aufführung seines naturalistischen Einakters »Jetzt und in der Stunde unseres Absterbens« am Prager deutschen Volkstheater.

»Traumgekrönt« (Gedichte, vordatiert auf 1897).

Übersiedlung nach München zum Studium der Kunstgeschichte und Ästhetik.

1897 *März:* Reise nach Arco und Venedig.

Begegnung mit Lou Andreas Salomé.

Juli: Rilkes »Im Frühfroste« wird am deutschen Volkstheater aufgeführt.

»Advent« (Gedichte, vordatiert auf 1898).

Herbst: Umzug nach Berlin zur Fortsetzung des Studiums. Bekanntschaft mit Stefan George und Carl und Gerhart Hauptmann.

1898   *Frühjahr:* Reise nach Arco und Florenz, Arbeit am »Florenzer Tagebuch«.

»Am Leben hin« (Novellen und Skizzen).

»Ohne Gegenwart« (Drama).

Dezember: Reise nach Hamburg und Worpswede.

1899   *Frühjahr:* Reisen nach Arco, Prag und Wien, wo er Arthur Schnitzler und Hugo von Hofmannsthal trifft.

»Zwei Prager Geschichten« (Erzählungen).

April-Juni: Reise nach Rußland mit Lou und ihrem Mann. Besuche in Moskau bei Leonid Pasternak und Tolstoi.

August-September: Aufenthalt in Bibersberg.

»Mir zur Feier« (Gedichte).

Die Prosadichtung »Die Weise von Liebe und Tod des Cornets Christoph Rilke« entsteht (gedruckt 1906).

1900   *Mai-August:* Rußlandreise mit Lou.

August-Oktober: Aufenthalt in Worpswede bei Heinrich Vogeler. Bekanntschaft mit der Malerin Paula Modersohn-Becker und der Bildhauerin Clara Westhoff.

»Vom lieben Gott und Anderes« (Novellen).

1901   *März:* Reise zur Mutter nach Arco.

Umsiedlung nach Westerwede bei Worpswede.

April: Heirat mit Clara Westhoff.

Dezember: Geburt der Tochter Ruth.

»Das tägliche Leben« wird in Berlin aufgeführt (erscheint 1902).

»Die Letzten« (Novellen, vordatiert auf 1902).

1902   »Worpswede« (Künstlermonographien, vordatiert auf 1903).

August: Übersiedlung nach Paris.

September: Bekanntschaft mit Auguste Rodin.

»Das Buch der Bilder«, das seit 1898 verfaßte Gedichte enthält, erscheint.

1903   Reise nach Viareggio.

Sommeraufenthalt in Worpswede.

»Auguste Rodin« (Studie).

September: Rilke reist über München, Venedig und Florenz nach Rom (bis Juni 1904).

1904 Reise von Rom über Kopenhagen nach Schweden.

Dezember: Ankunft in Oberneuland, wo Rilke mit seiner Familie den Winter verbringt (bis Februar 1905).

1905 Aufenthalte in Dresden, Berlin, Worpswede, Göttingen (Treffen mit Lou), Kassel, Marburg, Darmstadt.

September/Oktober: Wohnung bei Rodin in Meudon.

Vortragsreise nach Köln, Dresden, Prag und Leipzig.

Dezember: Aufenthalt in Oberneuland.

Der Lou Andreas-Salomé gewidmete Gedichtzyklus »Das Stunden-Buch« erscheint.

1906 *Januar bis Mai:* Rilke arbeitet bei Rodin in Paris als Privatsekretär.

Frühjahr: Vorträge in Elberfeld, Berlin und Hamburg.

März: Tod des Vaters.

Juli/August: Reise nach Belgien.

Aufenthalte in Godesberg, Schloß Friedelhausen.

Oktober/November: Berlin.

Dezember: Rilke fährt nach Capri (bis Mai 1907).

1907 *Mai:* Reise nach Paris.

Herbst: Vortragsreise nach Prag, Breslau und Wien, wo er Rudolf Kassner kennenlernt.

November: Aufenthalt in Venedig.

Liebesbeziehung zu Mimi Romanelli.

Dezember: Besuch in Oberneuland (bis Februar 1908).

»Neue Gedichte« (2 Bände, 1907–08).

1908 *Februar:* Reise nach Berlin, München und Rom.

Ende Februar bis April: Aufenthalt auf Capri. Besuche in Rom und Florenz.

Ab Mai: Wohnung in Paris.

1909 *Mai:* Reise in die Provence.

September: Besuch in Bad Rippoldsau.

Oktober: Aufenthalt in Avignon.

»Requiem« (Gedicht).

Dezember: Bekanntschaft mit der Fürstin Marie von Thurn und Taxis.

1910 *Frühjahr:* Vortragsreise nach Elberfeld, Leipzig, Jena, Berlin und Weimar.
März-Mai: Italienreise: Rom, Duino und Venedig.
Mai-Juli: Aufenthalt in Paris. Bekanntschaft mit André Gide.
Sommer: Besuch bei der Familie in Oberneuland.
Herbst/Winter: Reisen nach München, Köln, Paris, Algier und Tunis.
Der autobiographisch geprägte Künstlerroman »Die Aufzeichnungen des Malte Laurids Brigge« erscheint.

1911 *Januar-März:* Reisen nach Italien und Ägypten, Nilfahrt.
April-Juli: Aufenthalt in Paris.
Juli/August: Reise nach Böhmen.
September: Deutschlandreise: Leipzig, Weimar, Berlin und München.
Oktober: Aufenthalt in Paris.
Autoreise im Auto der Fürstin von Thurn und Taxis von Paris nach Duino, wo er bis Mai 1912 bleibt.

1912 Sommeraufenthalt in Venedig.
Oktober: Reise nach München.
November: Spanienreise nach Toledo, Madrid, Sevilla und Ronda (bis Februar 1913).

1913 *Februar-Mai:* Paris.
Sommer: Reise nach Bad Rippoldsau, Göttingen, Leipzig, Weimar, Berlin und Heiligendamm.
September/Oktober: Aufenthalte in München, Dresden und Hellerau. In München nimmt Rilke mit Lou am »Psychoanalytischen Congress« teil.
Oktober: Ankunft in Paris.
»Das Marien-Leben« (Gedichte).

1914 *Februar-März:* Reise nach Berlin, München und Zürich.
März/April: Paris.
April-Mai: Italienreise nach Duino, Venedig, Assisi und Mailand.
Mai-Juli: Aufenthalt in Paris.
Juli-September: Reise nach Leipzig, München und Irschenhausen, wo er die Malerin Lulu Albert-Lazard kennenlernt.
September: Umsiedlung von Paris nach München.
November/Dezember: Aufenthalte in Frankfurt, Würzburg und

Berlin.

1915 In München Umgang mit den Erzählerinnen Annette Kolb und Regina Ullmann, dem Kunstwissenschaftler Wilhelm Hausenstein und dem Lyriker und Erzähler Hans Carossa.

Februar: Besuch in Irschenhausen.

November: Rilke wird zum Militärdienst einberufen.

Dezember: Rilke fährt nach Berlin, um sich vom Militärdienst zurückstellen zu lassen.

Aufenthalt in Wien, wo er bei der Fürstin von Thurn und Taxis wohnt, und Besuch bei Sigmund Freud.

1916 *Januar:* Beginn des Militärdienstes als Schreiber im Kriegsarchiv.

Wiedersehen mit Hofmannsthal und Bekanntschaft mit Stefan Zweig und Rudolf Kassner.

Juni: Rückkehr nach München.

1917 *Sommer:* Aufenthalt auf Gut Böckel in Westfalen bei Herta Koenig.

Juli und Oktober/November: Besuche in Berlin.

Dezember: Ankunft in München.

1918 In München Umgang mit Ernst Toller.

September: Reise nach Ohlstadt und Ansbach.

Bekanntschaft mit Claire Studer, der späteren Frau Ivan Golls.

1919 Wiedersehen mit Lou in München.

Juni: Rilke reist in die Schweiz, u.a. nach Bern, Genf, Lausanne, anschließend Vortragsreise nach Zürich, St. Gallen, Luzern, Basel und Winterthur (bis November).

Dezember: Aufenthalt in Locarno (bis Februar 1920).

1920 *März-Juni:* Aufenthalt in Schönenberg bei Basel.

Juni/Juli: Venedig.

August-November: Reisen in der Schweiz, zwischendurch Aufenthalt in Paris.

Mitte November: Aufenthalt in Schloß Berg am Irschel (bis Mai 1921).

1921 Erste Bekanntschaft mit Gedichten von Paul Valéry.

Reisen nach Genf und Zürich.

Mai/Juni: Aufenthalt in Prieuré d'Etoy und Sierre.

Übersiedlung nach Château de Muzot.

1922 *Mai:* Heirat der Tochter Ruth.

Juni: Besuch der Fürstin von Thurn und Taxis in Muzot.

1923 *Sommer:* Reisen in die Schweiz.

August/September: Aufenthalt im Sanatorium Schöneck bei Beckenried.

September/Oktober: Reisen nach Luzern, Schloß Malans, Meilen und Bern.

Dezember: Kuraufenthalt im Sanatorium Valmont sur Territet (bis Ende Januar 1924).

Die 1912 in Duino und 1922 in Muzot verfaßten »Duineser Elegien« erscheinen, ebenso die 1922 als Ergänzung zu den »Duineser Elegien« in Muzot geschriebenen »Sonette an Orpheus«.

1924 *April:* Begegnung mit Paul Valéry

Clara Westhoff besucht Rilke.

Juli: Reise nach Bad Ragaz.

Herbst: Aufenthalt in Lausanne und Bern.

November: Rilke fährt nach Valmont, wo er bis Januar 1925 bleibt.

1925 *Januar-August:* Aufenthalt in Paris. Begegnungen mit Valéry, Claudel, Hofmannsthal und Gide.

September: Rückreise nach Muzot.

Aufenthalt in Ragaz.

Dezember: Sanatorium in Valmont (bis Mai 1926).

1926 *Juni:* Rückkehr nach Muzot.

Juli/August: Reise nach Ragaz.

In Anthy Treffen mit Valéry.

»Vergers suivi des Quatrains Valaisans« (Gedichte).

September-November: Aufenthalte in Lausanne und Sierre.

Dezember: Rilke fährt ins Sanatorium nach Valmont.

29. Dezember: Rilke stirbt in Valmont an Leukämie.

Erzählungen aus dem Biedermeier

Biedermeier - das klingt in heutigen Ohren nach langweiligem Spießertum, nach geschmacklosen rosa Teetässchen in Wohnzimmern, die aussehen wie Puppenstuben und in denen es irgendwie nach »Omma« riecht.

Zu Recht. Aber nicht nur.

Biedermeier ist auch die Zeit einer zarten Literatur der Flucht ins Idyll, des Rückzuges ins private Glück und der Tugenden. Die Menschen im Europa nach Napoleon hatten die Nase voll von großen neuen Ideen, das aufstrebende Bürgertum forderte und entwickelte eine eigene Kunst und Kultur für sich, die unabhängig von feudaler Großmannssucht bestehen sollte.

Georg Büchner Lenz **Karl Gutzkow** Wally, die Zweiflerin **Annette von Droste-Hülshoff** Die Judenbuche **Friedrich Hebbel** Matteo **Jeremias Gotthelf** Elsi, die seltsame Magd **Georg Weerth** Fragment eines Romans **Franz Grillparzer** Der arme Spielmann **Eduard Mörike** Mozart auf der Reise nach Prag **Berthold Auerbach** Der Viereckig oder die amerikanische Kiste

ISBN 978-3-8430-1884-5, 444 Seiten, 29,80 €

Erzählungen aus dem Biedermeier II

Annette von Droste-Hülshoff Ledwina **Franz Grillparzer** Das Kloster bei Sendomir **Friedrich Hebbel** Schnock **Eduard Mörike** Der Schatz **Georg Weerth** Leben und Taten des berühmten Ritters Schnapphahnski **Jeremias Gotthelf** Das Erdbeerimareili **Berthold Auerbach** Lucifer

ISBN 978-3-8430-1885-2, 440 Seiten, 29,80 €

Erzählungen aus dem Biedermeier III

Eduard Mörike Lucie Gelmeroth **Annette von Droste-Hülshoff** Westfälische Schilderungen **Annette von Droste-Hülshoff** Bei uns zulande auf dem Lande **Berthold Auerbach** Brosi und Moni **Jeremias Gotthelf** Die schwarze Spinne **Friedrich Hebbel** Anna **Friedrich Hebbel** Die Kuh **Jeremias Gotthelf** Barthli der Korber **Berthold Auerbach** Barfüßele

ISBN 978-3-8430-1886-9, 452 Seiten, 29,80 €